岩 波 文 庫

34-124-6

賃 労 働 と 資 本

カール・マルクス著
長谷部文雄訳

岩 波 書 店

Karl Marx

LOHNARBEIT UND KAPITAL

1934

目次

訳者例言

この訳書は、Karl Marx: Lohnarbeit und Kapital(マルクス・エンゲルス・レーニン研究所、一九三四年版)を底本とし、従来のカウツキー版、J. L. Joynes の英訳版、等を参考とした。なかんずく河上肇(かわかみはじめ)博士の訳文に負うところが多い。ここに明記して感謝の意を表する。

このインスティテュート版は一八九一年のエンゲルスの訂正版に拠り、それをさらに、『新ライン新聞』に載せられたマルクスの原文と比較校訂したもののようである。しかるにこの書を、エンゲルスの訂正を考証したはずのカウツキー版(一九二二年)および河上博士の訳文(この両者はほぼ一致している)と比較して見ると、かなり多数の相違が発見される。たとえば本書では、「労働力」とすべきところが「労働」のままで置かれたところは極めて少数であり、「ブルジョア」は多くは「資本家」とされており、フランスの貨幣称呼(フラン、サンチーム)がすべてドイツのそれ(マルク、ペニヒ)と置換えられており、また行の改め方も数カ所相違している。

私はいま、一八九一年のエンゲルス版を参照する便宜をもたないので、——またさしあたり大きな重要性をもたないように思えるので――その考証は一切さしひかえた。ただその他の、理論的内容において意味をもつ相違点は、すべて訳注を付して明らかにしたつもりである。

小活字をもって角形のカッコの中に組入れたものは、すべて訳注である。なお、訳者注としたもののうちには、インスティテュート版の付録「外来語および人名の説明」から採りいれたものが多い。

本書の付録に収められたマルクスの手稿「労賃」の全文は、改造社版『マルクス＝エンゲルス全集』第四巻*に収められている。

＊ 大月版『選集』では第二巻。

一九三五年二月三日

訳　者

改訳版のために

この書は、『賃銀・価格および利潤』と同じように、岩波文庫には最初、昭和二年に河上博士の訳文が収められたのであって、それが絶版となったのち私の訳文が収められたのは昭和十年であった。これは昭和十三年に発禁となり、昭和二十一年に、伏字を埋めたほかは従来の訳文のままで再刊された。しかし、敗戦直後の悪条件のために、戦前版よりかえって不出来なものであった。このたび、紙型磨滅による組替にさいし、『マルクス＝エンゲルス二巻選集』ディーツ版(一九五三年)を参照して全面的に改訳することができたのは私の仕合せとするところである。

昭和二十八(一九五三)年十一月

長谷部文雄

序　言

いまや、『賃労働と資本』が、マルクスによって指導された最初の共産主義的日刊新聞たる『新ライン新聞』の欄に現われてから、すでに八十四年になる。しかもなお、資本制的搾取にかんするこの立派で平易な叙述は、ちっとも陳腐になってはいない。それは爾来、数多くの版で、また数多くの国語で、大衆パンフレットとして労働者たちの間に流布された。そして、なお資本制的搾取が存続するかぎりは、マルクス主義の宣伝の主要な道具としてのその意義を失わないであろう。

マルクスはここで、「ブルジョアジーの存在およびその階級支配の基礎をなすと共に、労働者たちの奴隷状態の基礎をなすところの、経済的諸関係の」叙述を与えている。労賃とは何か？それはいかにして決定されるか？　資本によって搾取されているどの労働者にも直接に関係のあるこうした問題から出発して、彼は、価値法則を簡潔に説明し、剰余価値の起原を暴露し、そして粉砕的な論戦において、労働者と資本家との利害は一致するという、資本家およびその政治的ならびに「学問的」代理者たちの嘘を、窮極的に論破している。そのさいマルクスは、大略において、労賃の運動法則、労賃の利潤にたいする関係、資本制的分業および資本制的に充用された機械の作用、産業予備軍(大衆失業)の発生、プロレタリアートの累進的窮乏化、最後に周期的恐慌および資本主義崩壊の不可避性を、叙述している。

マルクスが彼の経済学的諸発見を最も広汎な労働者大衆のまえに説明したこの著述の「導きの糸」は、ブルジョアジーとプロレタリアートとの階級利害は宥和しないということである。換言すれば、ブルジョアジーの転覆のみが、プロレタリアートの独裁獲得のみが、賃銀奴隷状態を打破しうるという理論である。この理論を普及させることがまさに今日こそ特に緊急だということを、誰が否認しようか？　ドイツの社会民主党は、マルクス主義の旗を泥土に踏みにじり、マルクス主義の学説を偽造し、資本と労働との間の宥和を説教してきた。それは、プロレタリア革命に反対する・およびソヴェト連邦における社会主義の建設に反対する・猛烈きわまる闘争をやるかたわら、労働者たちの前では、資本が増大して繁栄するのはプロレタリアートの利益だ、そうしたら、資本主義はおのずから社会主義に「成長してゆく」だろう、と嘘をついた。だが社会民主党は、階級宥和を、ただに説教したばかりでなく、あらゆる可能な手段をもって実現しようと試みさえした、——すなわち戦債承認や、労働協定や、調停制度や、ストライキ絞殺から、十一月革命の鎮圧や、連立内閣への参加や、「小禍」論や、「寛容政策」や、ファシスト独裁の樹立に対する大衆闘争のサボタージュおよび絞殺から、ファシズムの陣営への公然の移行、すなわち、労働組合の引渡し、および、労働者屠殺者たるヒットラーに対する一九三三年五月十七日の帝国議会における賛成投票にいたるまでの、あらゆる可能な手段をもって。歴史そのものは、これに対し、明白な反駁すべからざる解答を与えた。ブルジョアジーとプロレタリアートとの間の階級対立は減少しなかった。それどころか、階級対立が今日ほど尖鋭なことはかつてなかったのだ。

社会民主主義がなしえなかったこと、すなわちプロレタリアートの階級闘争の抑圧を、いまやファシズムが試みている。数千の革命的労働者を自分の徒党によって鎮圧させ、数万のそれらを監獄や収容所で兵糧攻め(ひょうろうぜめ)にし、拷問させながら、ヒットラーもまた、資本と労働との宥和を説教し、自分を「正直な仲買人」〔ビスマルクが自評した言葉〕だとふれこみ、「ドイツ人労働の解放」、計画経済、その他の「社会主義的」な「改造」を約束している。実際では彼は、ストライキを禁止し、労働組合を粉砕し、これを——社会ファシスト的な労働組合官僚の膳だてに従い、また彼らの援助によって――階級闘争の抑圧のためのファシスト的機関たらしめようと試みている。だが、ドイツにおけるファシズムの政権獲得いらいのわずか数カ月がすでに、すなわち、ドイツのプロレタリアートおよびその英雄的な共産党の闘争および非合法活動のこのわずか数カ月がすでに、この試みは社会民主主義の試みよりも遙かに急速に失敗するに違いないということを明らかにした。今日のドイツについては、マルクスが『賃労働と資本』で一八四八―四九年のドイツについて喝破したところの、およそ社会改造はプロレタリア革命と反革命（それは当時では封建的なそれであったが今日ではブルジョア的・ファシスト的なそれである）とが「武器をもって勝負を決する」〔本訳書三八頁〕までは空想たるにとどまるという、かの命題がふたたび当てはまる。『賃労働と資本』は、労働者のための講義から成立っている。この著述は、科学的研究者としてだけでなくものを平易化するひととしての、マルクスを示している。ブルジョア的教授たち、ならびに、マルクス主義の社会民主主義的な偽造者および裏切者たちは、マルクスの「理解しがたいこと」、「わざとした曖昧でひねくれた」表現様式を、飽くことなく非難するであろう。これこそは、マルクスの理論にたいする特に卑怯な闘争方法に他ならない。『賃労働と資本』は、この話がいかに偽りであるかということ、および、ヴィルヘルム・リープクネヒトがマルクス追憶記で、マルクスは「著しい平易化の才能」をそなえていたと書いているのが正しいことを、証明する。リープクネヒトは書いている、――「誰も彼以上に、科学の俗流化、すなわち変造・浅薄化および無気力化を憎んだものはないが、また誰も彼以上に、自分の意見を明瞭にいい表わす能力をもっていたものはない」と。

リープクネヒトは、一八五〇―五一年に、共産主義的なロンドン労働者教育協会でマルクスの試みた経済学にかんする講義に出席した。そして、マルクスの教え方を次ぎのように描写している、――

「マルクスは方法論的に進んだ。彼は一つの命題を――できるだけ簡潔に立てた。そしてからそれを、より長い詳論で説明したのであるが、そのさい彼は、労働者に理解しがたい一切の表現を避けようと非常な細心さをもって骨をおった。そのあとで彼は、彼に質問することを聴講者に促した。質問が起らないと彼は試験を始めた。そしてそれを彼は教育学的巧妙さをもってやったので、彼の講義には何らの遺漏もなく、何ら誤解されるところもなかった。私がこの巧妙さにかんする驚きを語ったとき、マルクスはすでにブリュッセル労働者協会で経済学の講義をしたことがあるのだ、と聞かされた。ともあれ、彼は秀れた教師たる素質をもっていた」

と。(ヴィルヘルム・リープクネヒト『カール・マルクスの思い出。略伝および追憶』ニュルンベルク、一八九六年、三八頁)

『賃労働と資本』は、一八四七年十一月の、ブリュッセル独逸人労働者協会におけるこの講義から成立っている。それはすでに一八四八年二月に書き下されたが、その印刷は――マルクスが『経済学批判』(一八五九年)の序言で述べているように――二月革命によって妨げられた。一八四九年四月になって、マルクスはこの著述を『新ライン新聞』で公けにした。一八四九年の論文の続きの原稿は――エンゲルスが前書きに書いているように――事実上発見されなかったが、労賃にかんする手稿が発見されたのであって、これは、疑いもなく一八四七年の講義の基礎であり、内容上『賃労働と資本』と部分的には一致しており、部分的にはこれと関連している。われわれは、その最も重要な二節をこの版の付録に採りいれた。第六節は、賃銀制度のブルジョア的「改良」案、すなわちその荒廃化的諸結果のブルジョア的「救済」案――貯蓄金庫、産業教育、産児制限、交換銀行、利益参加、を取扱っている。われわれはここですでに、けちな詐欺的策略――それをもって今日、社会民主主義者やファシストたちがプロレタリアートの独裁および資本家の剝奪をめざす労働者たちの闘争を妨げようと試み、労働者たちを胡麻化(ごまか)して、毛皮を濡らさないでそれを洗濯し、生産手段の資本制的私有を存続させながらその諸結果をなくすることが出来るかのように見せかけるところの、かの詐欺的策略のりっぱな批判を見出す。ついで第七節において、マルクスは、労働組合の役割を取扱い、労働組合は賃銀のための闘争に没頭しないで「旧来の全社会の転覆のため」に闘争せねばならぬことを明らかにしている。彼がここで人の心に刻みこんでいるところの、「ブルジョアジーに対する戦費」としての労働組合の醵金にかんする言葉は、「労働組合は社会主義のための学校である」*という有名な解答と同じく、革命的労働組合運動の理論家としてのマルクスを示すものである。

* 『フォルクスシュタート』一八六九年、第十七号。一八六九年九月三十日のハノーフェルでのカール・マルクスとの会見にかんする、ドイツの労働組合の役員たるハマンの報告による。

自己の階級の解放理論たるマルクス主義をわがものにしようとする労働者は、誰もみな、『共産党宣言』および『空想より科学への社会主義の発展』のほかに、レーニンおよびスターリンの通俗的諸著述のほかに、『賃労働と資本』をも読みかつ根本的に研究せねばならぬ。彼はここに、経済学上のもろもろの難問題の巧妙で平易な説明を見出すのであって、そこでは、叙述の明瞭さが内容の深さおよび豊かさと結びつけられている。『賃労働と資本』は、一八六五年のマルクスの有名な講演『賃銀・価格および利潤』といっしょに、彼の主著たる『資本論』の研究のための最善の準備書である。しかも『賃労働と資本』は『資本論』と同じく、資本主義の本質およびその崩壊の理解への手引きをなすばかりでなく、過渡期および社会主義の建設にかんする経済的諸問題の理解への手引きをもなしている。たとえば、「社会的生産関係」または「ブルジョア的生産関係」としての資本の有名な説明を想起せよ。これは、資本を廃棄することの不可能にかんする・およびソヴェト連邦における諸経営の資本主義的性格にかんする・社会民主主義およびファシストたちの一切の嘘の足場を奪うものである。――資本の廃棄とは、機械の廃棄、大産業の廃棄を意味するのではなくて、賃労働という社会的関係の・生産手段の資本制的私有の・廃棄を意味するのである。……

第一次五カ年計画の尨大な諸成果は、レーニンおよびスターリンによって継続されて現在の時代に適用されたマルクスの経済学説の正しさの、より広大な確証である。第二次五カ年計画がソヴェト連邦の労働者たちの課題としている「経済における・および人々の意識における・資本主義の残滓」の除去のための闘争においても、『賃労働と資本』は、依然として価値多い宣伝用の武器である。

*　　　　*　　　　*

この版の出版はカール・シュミットによって準備された。

一九三三年六月十八日　モスクワ

マルクス・エンゲルス・レーニン研究所

前書き

つぎの労作は、一八四九年四月四日以後の『新ライン新聞』において一連の論説として現われた。その基礎をなすものは、マルクスが一八四七年にブリュッセル独逸人労働者協会で行った講演である。この労作は、印刷上では断片たるにとどまった。第二百六十九号の終りにある「つづく」は、当時のあわただしい諸事件[1]、すなわち、ロシア軍のハンガリー侵入や、この新聞そのものの禁止(一八四九年五月十九日)をまねいたドレスデン、イゼルローン、エルベルフェルト、パラチナーテおよびバーデンの暴動の結果として、ついに実現されなかった。この続きの原稿はマルクスの遺稿中に見出されなかった。

(1) エンゲルスは、一八八四年にチューリヒの『ゾチアルデモクラート』で印刷された「マルクスと『新ライン新聞』」という論文で、当時の状態を次ぎのような言葉で描写した、――「ドレスデンおよびエルベルフェルトの暴動は鎮圧され、イゼルローンの暴動は包囲され、ラインプロヴィンツおよびヴェストファーレンは、プロシアのラインラントの圧服を終った後にパラチナーテおよびバーデンに進軍するはずだった銃剣によって、一杯になっていた。そこで、ついに政府は敢てわれわれに肉薄した」と。(『ゾチアルデモクラート』チューリヒ、一八八四年三月、第十一号および第十三号。エンゲルス「カール・マルクスと『新ライン新聞』」一八四八―四九年)――編集者。

『賃労働と資本』は、パンフレット形の単行本として幾版か現われ、最後に一八八四年に、ホッティンゲン＝チューリヒ、スイス印刷組合版[1]が現われた。これらの従来の版本は最初の原文どおりであった。だがこの新版は、宣伝本として一万冊以上も流布されるはずである。そこで私は、こうした事情のもとではマルクス自身、原文のままの複製に賛成するかどうかという疑問を起さざるをえなかった。

(1) ドイツにおける「社会主義鎮圧法」時代には、社会民主党は非合法政党として、その党文献を外国(スイス)で印刷し、それを非合法な方法でドイツに密輸入することを余儀なくされた。――編集者。

四〇年代には、マルクスはまだ彼の経済学批判を終結していなかった。それが終結したのは、やっと五〇年代の終りころであった。だから第一冊『経済学批判』(一八五九年)以前に現われた彼の諸著述は、個々の点では一八五九年以後の諸著述と相違しており、のちの諸著述の見地からすればいかがわしく、かつ誤りとさえ思われるような表現や全命題を含んでいる。ところで、全公衆を目当てとする普通の版では、著者の精神的発展中に含まれているこうした以前の見地も差支えないということ、著者も公衆も、これらの古い著述のそのままの複製を要求する争うべからざる権利を有するということは、自明のことである。そして私は、その一語でも変更するなどとは夢にも思いつかなかったであろう。

新版が、ほとんど専ら労働者間での宣伝を目当てとする場合には、事情は別である。その場合にはマルクスは、無条件的に、一八四九年代のものたる古い叙述を、彼の新しい見地と調和させたであろう。そして私は、あらゆる本質的な点でこの目的を達するに必要な少数の変更や追加を私がこの版のために加えるのは、マルクスの意図でやるのだと確信する。だから私は、あらかじめ読者にいっておく、——これは、マルクスが一八四九年に書き下したパンフレットではなく、ほぼ、彼が一八九一年に書いたであろうパンフレットである、と。かつまた、本当の原文は沢山に流布しているので、私がそれを後日の全集版でふたたび元のまま複製しうるまでは、これで十分である。

私の変更はすべて一点をめぐっている。原文によれば、労働者は資本家にたいし、労賃とひきかえに彼の労働を売るのであるが、本書によれば、彼の労働力を売るのである。そしてこの変更のゆえに、私には解説の義務がある。労働者たちへの解説、――ここに横たわるのは単なる文字拘泥ではなく、むしろ全経済学上の最も重要な点の一つであることを、彼らが認めるための。ブルジョアたちへの解説、――極めてむつかしい経済学的説明でも容易に理解できる無教養な労働者たちが、かかる厄介な問題を一生涯ときえないわが高慢ちきな「教養階級」に比べてどんなに優越しているかということを、彼らが納得しうるための。

古典派経済学[1]は、工場主は彼の労働者たちの労働を買い、かつ支払うのだという、彼の普通の考えを産業的実践から受けついだ。こうした考えでも、工場主の商習慣、簿記および原価計算のためには全く十分であった。素朴にも経済学に移し入れられると、それはここで、まったく驚くべき誤謬と混乱とをひき起した。

（1）　マルクスは『資本論』第一巻（第一章、注三二）で書いている、――「私が古典派経済学というのは、ブルジョア的生産諸関係の内的関連を探究するW・ペティ〔一六二三―一八七年〕いらいの全経済学のことである」と。イギリスにおける古典派経済学の最も秀れた代表者はA・スミスとD・リカードであった。——編集者。

経済学は、あらゆる商品の価格——経済学が「労働」と名づける商品の価格をも含む——はたえず変動するという事実を、すなわち商品の価格は、しばしば商品そのものの生産とは全く無関係な、きわめて様々な事情の結果として騰落するという、したがって価格は通例まったくの偶然によって決定されるように見えるという、事実を発見した。ついで、経済学が科学として現われるや否や[1]、その最初の課題の一つは、この、一見したところ商品価格を支配する偶然の背後にかくれているが実はこの偶然そのものを支配している法則を探求することであった。時には上へ時には下へと、たえず変動し動揺する商品価格の内部において、経済学は、この変動および動揺の中軸をなす確固たる中心点をさがし求めた。一言でいえば、経済学は、商品価格から出発して、これを規制する法則として商品価値を、すなわち、それからしてすべての価格変動が説明され、それに価格変動が結局すべて遡及すべき商品価値を、探求したのである。

(1)「狭義の経済学は、十七世紀の末ころ天才的な人々によって生み出されたとはいえ、重農主義者およびアダム・スミスによるそれの積極的定式化においては、本質的に十八世紀の児である。」(F・エンゲルス『反デューリング論』)——編集者。

そこで古典派経済学は、商品の価値が、その商品に含まれている——その商品の生産に要する——労働によって決定されることを発見した。この説明をもって、古典派経済学は満足した。そしてわれわれも、しばらくはこの説明ですませておくことができる。ただ誤解を防ぐために、私は、今日ではこの説明はまったく不十分となったということを、指摘しておきたい。マルクスは、はじめて労働の価値形成的性質を根本的に研究し、そしてその際、一商品の生産に外見的または現実的に必要なそれぞれの労働が、この商品にたいしいかなる場合にでも、消費された労働量と一致する或る価値の大いさを付加するのではない、ということを発見した。だから、われわれが今日、リカードのような経済学者たちと共に、簡単に、商品の価値はその生産に必要な労働によって決定されるという場合には、そのさいわれわれはつねに、マルクスによってなされた留保を前提とするのである。ここでは、これだけいっておけば十分である。詳しいことは、マルクスの『経済学批判』(一八五九年)、および『資本論』第一巻にある。(1)

(1) この問題の通俗的な説明を、マルクスみずから一八六五年に、彼の講演『賃金・価格および利潤』で与えた。——編集者。

だが、経済学者たちが労働によるこの価値決定を商品たる「労働」に適用するや否や、彼らは一の矛盾から他の矛盾に陥った。「労働」の価値はいかにして決定されるか？　それに含まれている必要労働によって。だが、ある労働者の一日・一週・一カ月・一カ年間の労働には、どれだけの労働が含まれているか？　一日・一週・一カ月・一カ年分の労働である。労働がすべての価値の尺度であるとすれば、われわれは「労働の価値」を、まさにただ労働で表現しうるのみである。だが、もしわれわれが、一時間分の労働の価値は一時間分の労働に等しいということしか知らぬとすれば、われわれは、一時間分の労働の価値については絶対に何も知らぬのである。だから、それではわれわれはちっとも目的に近づいたのではない。われわれはたえず堂々めぐりをしているのだ。

だから古典派経済学は、もう一つの言い表わし方をやってみた。すなわちいった、――商品の価値はその生産費に等しい、と。だが労働の生産費とは何か？　この問題を解くためには、経済学者たちは論理に少しばかり暴力を加えねばならぬ。労働そのものの生産費――これは残念ながら明らかにされえない――の代りに、彼らは今や、労働者の生産費とは何かということを研究する。そしてこれは明らかにされうる。それは、時と事情とに応じて変化しはするが、しかし一定の社会状態・一定の地方・一定の生産部門では、それはやはり一定しており、少くともかなり狭い限界内にある。われわれは今日、資本制的生産の支配下に生活しているが、そこでは、大きな・たえず増大する・人口階級は、ただ、彼らが生産手段——道具、機械、原料および生活手段——の所有者のために、労賃とひきかえに労働する場合にのみ、生活することができる。この生産様式の基礎上では、労働者の生産費というのは、彼を労働可能ならしめ、労働可能状態に維持し、そして彼を、その老齢・病気または死亡による引退にさいし新たな労働者によって補充し、かくして労働者階級を必要な強度で繁殖させるために平均的に必要な生活手段の総量——またはその貨幣価格——のことである。われわれは、この生活手段の貨幣価格を平均して一日三マルクと仮定しよう。

だからわが労働者は、彼を使用する資本家から一日三マルクの賃銀を受けとる。その代りに資本家は、彼をたとえば一日に十二時間労働させる。しかもこの資本家は、おそらく次ぎのように計算するであろう。

わが労働者——機械仕上工——は、ある機械の一部分をつくり、これを一日で仕上げるものと仮定しよう。その原料——必要な準備工作形態にある鉄や真鍮（しんちゅう）——は二十マルクする。蒸気機関の石炭消費と、この蒸気機関そのものや旋盤その他わが労働者の作業用道具の消耗は、一日分および彼の頭割りを計算すれば、一マルクの価値にあたる。一日分の労賃はわれわれの仮定によれば三マルクである。わが機械部分について合計すれば二十四マルクである。ところが資本家の計算では、彼はそれと引換えに平均して二十七マルクの価格を、つまり彼の出資した費用以上に三マルクを、自分の顧客から受けとることになる。

資本家が収得するこの三マルクはどこから来るか？　古典派経済学の主張によれば、諸商品は平均的にはその価値で、すなわちこれらの商品に含まれている必要労働量と一致する価格で、売られる。だからわが機械部分の平均価格——二十七マルク——は、それの価値に等しく、それに含まれている労働に等しいであろう。だが、この二十七マルクのうち二十一マルクは、わが機械仕上工が作業しはじめる前にすでに現存した価値であった。二十マルクは原料に、一マルクは作業中に燃された石炭またはそのさい使用されてこの価値額だけ作用能力を減じた機械および道具に、含まれていた。残り六マルクは原料の価値に付加されたものである。だがこの六マルクは、わが経済学者たち自身の仮定によれば、わが労働者によって原料に付加された労働から生じうるのみである。すると、彼の十二時間分の労働は六マルクの新価値を生みだしたわけである。だから、彼の十二時間分の労働の価値は六マルクに等しいであろう。そしてわれわれは、かようにして遂に、「労働の価値」とは何であるかを発見したわけであろう。

「まてまて！」とわが機械仕上工は叫ぶ。「六マルクだと？　だが私はただ三マルク受けとっただけだ！　私の資本家は、私の十二時間分の労働の価値はただの三マルクだとおごそかに誓うのであって、もし私が六マルクを要求すれば、彼は私を笑殺する。どうしたら、その辻褄があうか？」と。

われわれはさきほど、労働の価値について八幡の藪しらずにはいったとすれば、いまやわれわれは、とけない矛盾にいよいよ陥ってしまった。われわれは労働の価値を探求し、そしてわれわれが使用しうるよりも多くを発見した。労働者にとっては、十二時間分の労働の価値は三マルクであり、資本家にとっては六マルクであって、そのうち彼は三マルクを労働者に賃銀として支払い、三マルクを自分のポケットに収める。だから労働は、一つのではなく二つの、しかも甚だしく相違する価値をもつわけだ！

この矛盾は、われわれが貨幣で表現された価値を労働時間に換算するや否や、さらに一そうばかばかしいものとなる。十二時間の労働で六マルクの新価値が生みだされる。だから六時間で三マルクだが、これは、労働者が十二時間分の労働とひきかえに受けとる総額である。十二時間分の労働とひきかえに、労働者は等しい対価として、六時間分の労働の生産物を受けとる。だから労働は二つの価値をもち、その一方は他方の二倍の大きさであるのか、さもなければ十二は六に等しいのか、そのどちらかである！　どちらの場合にも、まったくの背理が現われる。

いくらわれわれがぐるぐる舞いしても、われわれが労働の売買を云々し、また労働の価値を云々するかぎりは、この矛盾からは出られない。そして経済学者たちにとってもそうであった。古典派経済学の最後の分派であるリカード学派は、大部分、この矛盾の解決不可能にのりあげて沈没した。古典派経済学は袋町にかけこんでしまった。この袋町からの出道を見出した人、それはカール・マルクスであった。

経済学者たちが「労働」の生産費だと思ったものは、労働の生産費ではなくて、生きた労働者そのものの生産費であった。またこの労働者が資本家に売ったものは、彼の労働ではなかった。マルクスはいう、――「彼の労働が現実に始まるや否や、それはすでに彼には属さなくなり、したがってもはや彼によっては売られえない」と。だから彼は、たかだか、彼の将来の労働を売ること、すなわち、一定の時に一定の労働給付をなす義務を負うことができるだけであろう。だがそれでは、彼は労働(これはやっとこれから行われるはずだ)を売るのではなくて、一定の時間にわたり(日給〔時間賃銀〕の場合)または一定の労働給付の目的で(個数賃銀の場合)一定の支払とひきかえに彼の労働力を資本家の自由にさせるのだ、——すなわち彼は、彼の労働力を賃貸または売却するのである。だが、この労働力は彼の人格と癒着しており、これから不可分である。だから労働力の生産費は、彼の生産費と一致する。経済学者たちが労働の生産費と名づけるものは、まさに労働者の生産費であり、したがってまた労働力の生産費である。かくしてわれわれはまた、労働力の生産費から労働力の価値にたち帰り、そして、マルクスが労働力の売買にかんする節(『資本論』第一巻、第四章第三節)でやったように、一定の質をもつ労働力の生産に要する社会的必要労働の分量を決定することができる。

さて、労働者が彼の労働力を資本家に売ったのち、すなわち、ある予約された賃銀——日給または個数賃銀——とひきかえに彼の労働力を資本家の自由にさせたのちに、何がおこるか？資本家は労働者を自分の作業場または工場につれこむのであって、そこにはすでに、作業に必要なすべての対象物が、すなわち原料、補助材料(石炭、染料など)、道具、機械がそなわっている。ここで労働者はこんかぎり働きはじめる。彼の日給は前述のように三マルクだとしよう、——そのさい、彼がそれを日給でかせぐか個数賃銀でかせぐかは大した問題ではない。われわれはここでもまた、再び、労働者は十二時間に彼の労働によって、消費された原料に六マルクの新価値を付加し、この新価値を資本家は完成品の販売によって貨幣に換えるものと仮定しよう。彼はそのうちから労働者に三マルクを支払うが、残りの三マルクは自分で取ってしまう。さて、労働者が十二時間に六マルクの価値を生みだすとすれば、六時間には三マルクの価値を生みだす。だから彼は資本家のために六時間はたらいた後には、資本家にたいし、労賃として受けとった三マルクの対価をすでに補償しているのである。六時間の労働ののちには、双方が勘定ずみで、どちらも相手に一文の借りもないのだ。

「まてまて！」とこんどは資本家が叫ぶ。「私は労働者を、一日間、十二時間、雇ったのだ。ところが六時間では半日にすぎない。だから残りの六時間が終るまでせっせと働け、——そこで初めてわれわれは勘定ずみになるのだ！」と。そして労働者は、じっさい、彼が「自由意志で」結んだ契約に従わねばならぬのであって、この契約によれば、彼は、六労働時間を要する労働生産物とひきかえに、まる十二時間はたらく義務があるのだ。

個数賃銀の場合にも、まさに同じわけだ。わが労働者は十二時間に十二個の商品をつくるものと仮定しよう。そのおのおのは、原料と磨損とに二マルクかかり、そして二マルク半で売られる。そこで資本家は、他の前提が以前と同じならば、労働者に一個あたり二十五ペニヒを与えるであろう。十二個では三マルクとなり、これを稼ぐのに労働者は十二時間を要する。資本家は十二個で三十マルクを得る。原料と磨損とのための二十四マルクをさしひけば六マルク残り、そのうち彼は三マルクの労賃を支払い、三マルクをポケットに入れる。まったく前と同じである。この場合にも労働者は六時間を自分のために、すなわち彼の賃銀を賠償するために(十二時間の各一時間に半時間を)、そして六時間を資本家のために労働するのである。

最上の経済学者たちでも「労働」の価値から出発した限りではつまずいた困難、――この困難は、われわれがその代りに労働力の価値から出発するや否や消滅する。労働力は、われわれの今日の資本主義社会では一商品であり、どの他の商品とも同じように商品であるが、しかしながら全く特殊な一商品である。すなわち労働力は、価値の源泉だという、しかも適当に取扱えばそれ自身の有する価値よりも多くの価値の源泉だという、特殊の属性たる価値創造力をもっている。今日の生産状態のもとでは、人間の労働力は、一日間に、それ自身が有し、かつそれ自身に費されるよりも大きな価値を生産するだけではない。労働力の一日の費用をこえる、労働力の一日の生産物のこの過剰は、あらゆる新たな科学的発見、あらゆる新たな技術的発明とともに増大し、したがって労働日のうち、労働者が自分の日給の代償をはたらき出す部分が短縮され、したがってまた他面では、労働日のうち、彼が資本家にたいし代価を支払われないで自分の労働を贈呈せねばならぬ部分が延長される。

そしてこれはわれわれの今日の全社会の経済的状態である、——労働者階級だけがすべての価値を生産するのだ。けだし価値というのは、労働を表わす別個の表現、すなわち、一定の商品に含まれている社会的必要労働の分量が今日の資本主義社会でいい表わされる表現、に他ならぬのだから。だが、労働者によって生産されたこの価値は、労働者には属さない。それは、原料や機械や道具や、その所有者をして労働者階級の労働力を買うことを得せしめる出資手段やの、所有者に属する。だから労働者階級は、彼らによって生産された全生産物量のうち、ただ一部分を返してもらうだけである。そして、われわれがいま見たように、資本家階級が着服してせいぜいなお地主階級と分配すればよい他の部分は、あらゆる新たな発明および発見とともに増加するのであるが、労働者階級のものとなる部分の方は(頭割りで計算すれば)、ただ極めて徐々に僅かずつ増加するか、または全く増加せず、場合によっては減少することもあるのだ。

だが、このますます急速にとって代りあっているもろもろの発明や発見は、この前代未聞の程度で日々高まってゆく人間労働の多産性は、ついには、今日の資本主義経済がそのために滅亡せざるをえない葛藤を生みだす。一方では、測りしれない厖大な富と、取得者が使いこなしえない諸生産物の過剰。他方では、社会の大衆がプロレタリア化され、賃労働者に転化され、そしてそれ故にこそ、かの過剰生産物をわがものとしえなくなる。少数の法外に富裕な階級と、多数の無産賃労働者階級とへの社会の分裂の結果として、この社会はそれ自身の過剰生産物に窒息しながら、その成員の大多数はほとんど、またはぜんぜん、極度の窮乏から保護されていない。この状態は日ましにますます度外れとなり、そしてますます不必要となる。それは取除かれねばならぬし、また取除かれうる。一つの新たな社会秩序、すなわち、そこでは今日の階級差別が消滅しており、そしてそこでは――おそらく短かい、いくらか不足がちの、しかしいずれにしても道徳的には極めて有益な、過渡期ののちに――すべての社会成員の既存の厖大な生産諸力の計画的な利用と発達とにより、平等な労働義務のもとで、生活の手段、生活享楽の手段、あらゆる肉体的および精神的能力の発達と活動との手段も、平等にかつ絶えずますます十分に自由にしうるような、一つの新たな社会秩序が可能である。そして、労働者たちがますます、この新たな社会秩序を闘いとる決心を固めていること、――このことの証拠は、大洋の両側において、明五月一日と、五月三日の日曜日とに、与えられるのだ。

一八九一年四月三十日　ロンドンにて

フリードリヒ・エンゲルス

賃労働と資本

われわれは、今日の階級闘争および国民闘争の物質的基礎をなす**経済的諸関係**を叙述しなかったことを、種々の方面から非難された。われわれは計画的に、この諸関係が政治的諸衝突において直接に頭をもたげた場合にかぎって、この諸関係にふれたのである。

何よりもまず必要だったのは、日々の出来事における階級闘争を追求し、そして、現存しかつ日々あらたに生みだされる歴史的材料によって、つぎのことを経験的に証明することであった。二月革命および三月革命[1]をやった労働者階級の圧服と同時に、労働者階級の相手――フランスにおけるブルジョア共和主義者、全ヨーロッパ大陸において封建的専制政治と戦った市民階級および農民階級――も征服されたこと。フランスにおける「尊敬すべき共和制[*]」の勝利は、同時に、二月革命にたいし英雄的な独立戦争をもって答えた諸国民の没落であったこと。最後に、ヨーロッパは、革命的労働者たちの撃破とともに、その昔の二重奴隷状態、イギリス的＝ロシア的な奴隷状態に逆転したこと。パリの六月闘争、ウィーンの陥落、一八四八年十一月のベルリンの悲喜劇、ポーランド、イタリーおよびハンガリーの捨鉢的奮闘、アイルランドの兵糧攻め、――これらの主要契機において、ブルジョアジーと労働者階級との間のヨーロッパ的階級闘争が概括されたのであり、またそれによってわれわれは次ぎのことを証明したのである。――あらゆる革命的叛乱は、その目標はまだ階級闘争とは縁遠いかに見えようとも、革命的労働者階級が勝利するまでは失敗せざるをえないこと。およそ社会改造は、プロレタリア革命と封建的反革命とが世界戦争において武器をもって勝負を決するまでは空想たるにとどまること。われわれの叙述においては、――現実にそうなのだが、――ベルギーとスイス、すなわち、ヨーロッパ革命にも階級闘争にも係わりないものと信じている一方はブルジョア的君主制の典型国であり、他方はブルジョア的共和制の典型国であるこの両国は、大歴史画における悲喜劇的な漫画的風俗画であった。

（1） パリにおける一八四八年二月二十三日および二十四日の、ウィーンにおける三月十三日の、およびベルリンにおける三月十八日の、諸革命を意味する。これらの革命、およびその後の出来事にかんする詳細は『一八四八年ないし一八五〇年のフランスにおける階級闘争』、『ルイ・ボナパルトのブリュメール十八日』および『ドイツにおける革命および反革命』を見よ。――編集者。

* 一八四八年のフランスのブルジョア共和制のことであって、プロレタリアートが闘いとろうとした「社会共和制」に対立するもの。一八四八年六月におけるパリ労働者の敗北は「尊敬すべき共和制」の決定的勝利を意味する。――訳者。

わが読者たちは一八四八年における階級闘争が巨大な政治的諸形態で発展するのを見たのであるから、いまや、労働者の奴隷状態の基礎をなすのと同じようにブルジョアジーの存在およびその階級支配の基礎をなす経済的諸関係そのものを、一そう詳しく調べるべき時である。

われわれは三大部門に分けて叙述しよう、――(一)賃労働の資本にたいする関係、労働者の奴隷状態、資本家の支配、(二)今日の制度のもとでの、中間市民階級およびいわゆる農民身分の不可避的な没落、(三)世界市場の専制的支配者たるイギリスによっての、種々のヨーロッパ諸国民のブルジョア階級の商業的な抑圧および搾取。[1]

(1) 一八九一年版では Bürgerstandes(市民身分の)。『新ライン新聞』に従って訂正。――

編集者。

われわれは、できるだけ簡単かつ通俗的に叙述するようにして、経済学の最も初歩的な概念さえも前提とはしないであろう。われわれは労働者にわかってもらいたいのだ。しかもドイツでは、現状の公認的弁護論者から、くだっては社会主義的な山師や不遇な政治的天才に至るまで、――分裂したドイツではこうした人々が国王の数よりも多いのだが、――極めて簡単な経済的諸関係にかんする奇妙きわまる無知と概念混乱とが支配的に行われているのである。

そこで、まず第一の問題に移ろう。

労賃とは何か？　それはいかにして決定されるか？

もし労働者たちに「君の労賃はどれだけか？」とたずねるならば、彼らの或る者は、「私は、私のブルジョアから一労働日につき一マルクうけとる」と答え、他の者は、「私は二マルクうけとる」というように答えるであろう。彼らは、その所属する労働部門の異なるに応じて、彼らが一定の労働時間または一定の作業の仕上げにたいして、たとえば一エルレの亜麻布（あまふ）の製織または一ボーゲン〔十六頁分〕の植字にたいして、彼らのその時々のブルジョアから受けとる種々の貨幣額を挙げるであろう。彼らの申立ては種々であるにもかかわらず、労賃なるものは資本家が一定の労働時間または一定の労働給付にたいして支払う貨幣額だという点では、彼らのすべてが一致するであろう。

だから資本家は貨幣をもって彼らの労働を買うのであり、彼らは貨幣とひきかえに自分の労働を資本家に売るように見える。だが、これは外観にすぎない。彼らが現実に資本家にたいして貨幣とひきかえに売るものは、彼らの労働力である。この労働力を資本家は、一日ぎめ、一週間ぎめ、ひと月ぎめ、等々で買うのだ。そして彼は、労働力を買ったのちは、労働者たちを約定の時間だけ労働させることによって、それを消費するのである。資本家は、労働者たちの労働力を買ったのと同じ貨幣額たとえば二マルクをもって、二ポンドの砂糖またはその他の何らかの商品の一定額を、買おうとすれば買えたであろう。彼が二ポンドの砂糖を買った二マルクは、二ポンドの砂糖の価格である。彼が十二時間分の労働力の使用を買った二マルクは、十二時間分の労働の価格である。だから労働力は、あたかも砂糖と同じように一商品である。一方は時計で測られ、他方は秤で測られる。

労働者たちは自分の商品たる労働力を、資本家の商品たる貨幣と交換するのであり、しかも、この交換は一定の比率で行われる。労働力の何ほどかの使用にたいする何ほどかの貨幣。たとえば十二時間分の機織り(はた)にたいする二マルク。ところでこの二マルクだが、これは私が二マルクで買いうる他のすべての商品を意味しないであろうか？　だから労働者は、事実上、自分の商品たる労働力を、あらゆる種類の商品と、しかも一定の比率で交換したのである。資本家は労働者に二マルクを与えることによって、労働者に何ほどかの肉、何ほどかの衣類、何ほどかの薪炭・燈火などを、彼の労働日と交換して与えたのである。だからこの二マルクは、労働力が他の諸商品と交換される比率を、彼の労働力の交換価値を、表現する。貨幣で評価された一商品の交換価値は、その商品の価格と呼ばれる。だから労賃は、労働力の価格――これは通常、労働の価格と呼ばれる――の、すなわち、人間の血と肉とのほかには何らの容器ももたないこの独自な商品の価格の、別名に他ならない。

任意の一労働者、たとえば織布工をとってみよう。資本家は彼に、機(はた)と糸とを提供する。織布工は作業にかかる。そして糸が亜麻布となる。資本家は亜麻布をわがものとして、それをたとえば二十マルクで売る。さて織布工の労賃は、亜麻布の、二十マルクの、彼の労働の生産物の、分前であろうか？　決してそうではない。亜麻布が売られるよりもずっと前に、おそらくそれが織りあげられるよりもずっと前に、織布工は自分の労賃を受けとったのである。だから資本家は、この賃銀を、亜麻布を売って手に入れる貨幣で支払うのではなく、手もちの貨幣で支払うのである。ブルジョアによって織布工に提供される機と糸とが織布工の生産物でないのと同様に、織布工が自分の商品たる労働力と交換して受けとる諸商品も彼の生産物ではない。ブルジョアが自分の亜麻布の買手を一人も見出さなかったこともありえた。亜麻布を売っても労賃さえとれなかったこともありえた。織賃にくらべて甚だ有利に売ることもありうる。すべてこうしたことは、織布工には何の係わりもない。資本家は自分の手もとにある財産、自分の資本の一部分をもって織布工の労働力を買うのであって、それはあたかも、彼が自分の財産の他の一部分をもって原料たる糸や労働用具たる機を買ったのと全く同じである。彼がこの購入――そしてこの購入のうちには、亜麻布の生産に必要な労働力もある――をしたのちは、彼はもはや、自分のものたる原料と労働用具とをもって生産するばかりである。さて、わが善良なる織布工ももちろん労働用具の仲間であって、彼は機と同じように、生産物または生産物の価格の分前にはちっとも与らない。

だから労賃は、労働者によって生産された商品における労働者の分前ではない。労賃は、資本家がもって一定量の生産的労働力を買取るべき、既存の商品の一部分である。

だから労働力は、その所有者たる賃労働者が資本〔家〕に売る一商品である。なぜ彼はそれを売るのか？　生きるためだ。

だが労働力の実証たる労働は、労働者自身の生命の活動であり、彼自身の生命の発現である。そしてこの生命の活動を彼は、必要な生活手段を確保するために第三者に売るのである。だから彼の生命の活動は、彼にとっては、生存しうるための一手段にすぎない。彼は生きるために労働するのである。彼は労働を自分の生活には算入しない。労働はむしろ彼の生活の一犠牲である。それは、彼が第三者に売りわたした一商品である。だから、彼の活動の生産物もまた、彼の活動の目的物ではない。彼が自分自身のために生産するものは、彼が織る絹でもなく、彼が鉱山から掘りだす金でもなく、彼が建築する宮殿でもない。彼が自分自身のために生産するものは労賃であって、絹や金や宮殿は、彼にとっては、一定分量の生活手段に、――おそらく木綿の胴着に、銅貨に、また地下室の住居に、変ってしまう。そして、十二時間のあいだ織ったり、紡いだり、孔をほったり、廻わしたり、建築したり、シャベル仕事をしたり、石を割ったり、運んだりする労働者、――この労働者にとっては、こうした十二時間の機織り・紡績・穿孔・廻転・建築・シャベル仕事・石割が、彼の生命の発現だ、彼の生活だ、といえるであろうか？　その逆である。生活は、彼にとっては、この活動が終ったときに、食卓で、飲食店の腰掛けで、寝床で、はじまる。その反対に十二時間の労働は、彼にとっては、機織り・紡績・穿孔などとしては何の意味もなく、彼を食卓や飲食店の腰掛けや寝床につかせる儲け口として意味があるのだ。もし蚕が、幼虫としての自分の生存をつづけるために糸を紡ぐとすれば、その蚕は一個の完全な賃労働者であろう。労働力は何時でも商品だったわけではない。労働はいつでも賃労働、すなわち自由な労働だったわけではない。奴隷が彼の労働力を奴隷所有者に売らなかったことは、牛がその働きを農民に売らないのと同じことである。奴隷は彼の労働力もろともに、ひとまとめに彼の所有者に売られている。彼は、一所有者の手から他の所有者の手に移されうる一商品である。彼自身は一商品であるが、労働力は彼の商品ではない。農奴は彼の労働力の一部分だけを売る。彼が土地の所有者から賃銀を受けとるのではなく、むしろ彼から土地の所有者が貢物を受けとるのだ。

農奴は土地に属し、そして地主に収益をもたらす。自由な労働者はこれに反し、自分自身を、しかも断片的に売る。彼は自分の生命の八時間・十時間・十二時間・十五時間を、日ごと毎日、最高の値をつける人に、原料・労働用具および生活手段の所有者に、すなわち資本家に、せり売りする。労働者は所有者にも土地にも属しないが、しかし彼の日々の生命の八時間・十時間・十二時間・十五時間が、これを買う人に属する。労働者は、すきなときいつでも、自分が雇われている資本家のもとを去り、また資本家は、もはや労働者から何らの利益も得られないか予期の利益が得られないならば、都合しだいでいつでも、労働者を解雇する。だが、労働力の売却を唯一の生計の道とする労働者は、自分の生存を断念することなしには、全購買者階級すなわち資本家階級を見すてることはできない。彼は、あれこれの資本家には属しないが、しかし資本家階級に属する。そしてその際、自分を片づけること、すなわち、この資本家階級において一人の買手を見出すことは、彼の仕事である。

いまわれわれは、資本と賃労働との間の関係に一そう詳しく立ちいる前に、労賃の決定にさいして問題となる一般的な事情を、簡単に述べよう。

労賃は、すでに見たように、労働力という一定の商品の価格である。だから労賃は、あらゆる他の商品の価格を決定するのと同じ法則によって決定される。そこで、——商品の価格はいかにして決定されるか？　ということが問題になる。

商品の価格は何によって決定されるか？

買手と売手との競争によって、需要と供給との関係、欲求と提供との関係によってである。

同じ商品が、種々の売手によって提供される。同じ品質の商品をもっとも安く売る人は、確実に、他の売手たちを駆逐して最大の販路を確保できる。だから売手たちは、互いに販路、市場を、争いあう。彼らはいずれも売りたいのであり、できるだけ多く売りたいのであり、そしてできるなら他の売手たちを閉め出して、自分ひとりで売りたいのである。したがって或る売手は、他の売手よりも安く売る。だから売手たちの間に競争が生ずるのであって、この競争は、彼らによって提供される商品の価格を下落させる。

だが、買手たちの間にも競争が生ずるのであって、それは今度は、提供される商品の価格を騰貴させる。

最後に、買手たちと売手たちとの間に競争が生ずる。一方はできるだけ安く買おうとし、他方はできるだけ高く売ろうとする。買手たちと売手たちとの間のこの競争の結果は、前述の二つの競争の比率に、すなわち、買手たちの隊内の競争が強いか売手たちの隊内の競争が強いかに、依存するであろう。産業は、相対峙する二大軍隊を戦場にくり出し、そのおのおのはそれ自身の隊列内でそれ自身の軍勢のあいだで、ふたたび戦闘する。内輪喧嘩のもっとも少い軍隊が、相手の軍隊にたいして勝利をえる。

市場には百梱（こり）の棉花があり、同時に千梱の棉花にたいする買手があるものと仮定しよう。だからこの場合には、需要が供給の十倍だけ大きいのである。だから、買手たちの間の競争は非常につよく、彼らのおのおのはぜひとも一梱を、できるなら百梱全部を手に入れようとする。この例は勝手きままな仮定ではない。商業史上では、棉花の凶作期に、相互に結びあった若干の資本家たちが、百梱どころか、地上の棉花在荷全体を買占めようとしたことがたびたびあった。だから前述の場合には、ある買手は棉花の梱にたいし比較的に高い値をつけることによって、他の買手を駆逐しようとする。棉花の売手たちは、敵の軍勢が猛烈に仲間争いしているのを見てとり、自分たちの全百梱の売行きがすっかり保証されているので、彼らの相手がお互いに競争しあって棉花の価格をせりあげているさい、お互いに争いあってこの価格を下落させないように用心するであろう。そこで突然に、売手たちの軍隊内に平和が訪ずれる。彼らは冷静に腕ぐみして一人の人間のように買手に応対するのであって、彼らの要求には限度がないであろう、——もし、ぜひとも買いたがっている人のつけ値そのものに、これ以上は駄目だという限度がないものとすれば。

だから、一商品の供給がその商品の需要よりも少ければ、売手たちの間には、わずかの競争しか行われず、あるいはぜんぜん競争が行われない。この競争が減少すればするほど、買手たちの間の競争が増大する。その結果は、商品価格の多かれ少かれ著しい騰貴である。

これと逆の結果をともなう逆の場合が頻繁に生ずることは、ひとの知るところである。需要をこえる供給の著しい過剰——売手たちの間での捨鉢的な競争。買手の欠乏——二束三文(にそくさんもん)での商品の投売り。

だが、価格の騰貴、下落とは何を意味し、高い価格、安い価格とは何を意味するか？　一粒の砂も顕微鏡で見れば高く、一個の塔も山と比べれば低い。また、価格は需要供給の関係によって決定されるとすれば、需要供給の関係は何によって決定されるか？

誰か、そこらあたりのブルジョアに聞いてみよう。彼はたちどころに、さもアレクサンダー大帝のように、この形而上の難問を九々の表で解くであろう。彼はわれわれにいうであろう、――もし私が、私の売る商品の生産に百マルクを要したとき、この商品を売って一年後に百十マルクを得るならば、それは普通の、正直な、控目な、利得である。だが、もし私が交換によって百二十マルク、百三十マルクを得るとすれば、それは高い利得である。そして、もし私が二百マルクも得るとすれば、それは異常な、法外な利得であろう、と。では、このブルジョアにとっては、何が利得の尺度として役だつか？　それは、彼の商品の生産費である。もし彼が、この商品と交換して、より僅かの生産費しか要しなかった他の商品の或る分量を取返すとすれば、彼は損をしたのである。もし彼が、自分の商品と交換して、より多くの生産費を要した他の商品の或る分量を取返すとすれば、彼は得をしたのである。そして彼は、利得の増減を、自分の商品の交換価値がゼロ――生産費――以上となるか以下となるかの程度に応じて計算するのである。

さて、われわれの見たように、需要供給の関係が変るにつれて、ときには価格の騰貴ときには価格の下落が、すなわち、ときには高い価格ときには低い価格が、生ずる。もし一商品の価格が、供給の不足または需要の不釣合な増加によって著しく騰貴すれば、必然的に、何か他の商品の価格は相対的に下落したわけである。けだし、一商品の価格は、その商品と交換して第三の商品が与えられる比率を貨幣で表現するにすぎぬからである。たとえば一エルレの絹布の価格が五マルクから六マルクに騰貴すれば、銀の価格は絹布に比べて下落したのであり、また同様に、もとの価格のままでいる他のすべての商品の価格も絹布に比べて下落したのである。ひとは、同一量の絹製品を得るために、交換において、より多量のそれらの商品を与えなければならぬ。一商品の価格騰貴の結果は何であろうか？　多量の資本が、その隆盛な産業部門に投ぜられるであろう。そして、好況産業の領域への資本のかかる移入は、そこで生ずる利潤が普通になるまで、あるいはむしろ、その生産物の価格が過剰生産によって生産費以下に下落するまで、ずっと続くであろう。

逆の場合。もし一商品の価格がその生産費以下に下落するならば、資本はこの商品の生産から引上げられるであろう。ある産業部門がもはや時勢おくれであり、したがって滅亡のほかない場合を除けば、資本のこうした逃避によって、かかる商品の生産、すなわちその供給は、それが需要と一致するまで、つまりその価格が再びその生産費の高さに騰貴するまで、あるいはむしろ供給が需要以下に減少するまで、すなわちその価格が再びその生産費以上に騰貴するまで、ずっと減少するであろう。けだし、一商品の時価は、つねに、その生産費を上下するからである。

かように資本は、一産業の領域から他の産業の領域へ、たえず出たりはいったりする。価格が騰貴すれば移入が度をすごすようになり、価格が下落すれば移出が度をすごすようになる。

われわれは、もう一つの観点からしても、供給ばかりでなく需要も生産費によって決定されることを明らかにすることができよう。だがそれでは、あまりにわれわれの対象から離れることになろう。

いまわれわれが見たように、供給および需要の変動は、商品の価格を、くりかえし生産費までつれ戻すものである。なるほど、商品の現実の価格はつねに生産費を上下している。だが、騰貴と下落とは相互に補いあうのであって、一定の期間内では、産業の浮沈を総計すれば、諸商品はその生産費に応じて相互に交換され、かくしてその価格は生産費によって決定されるのである。

この、価格が生産費によって決定されるということは、経済学者たちの意味にとってはならない。経済学者たちはいう、――商品の平均価格は生産費に等しく、これは法則だ、と。騰貴が下落によりまた下落が騰貴によって相殺される無政府的運動を、彼らは偶然的なものとみなすのである。ひとはこれと同じ権利をもって、――また実際、他の経済学者たちはそうみなしているのだが、――変動を法則とみなし、そして生産費による決定を偶然的なものとみなすこともできよう。しかも他ならぬこの変動は、詳しく考察すれば、最も恐るべき荒廃状態を生ぜしめ、また地震のようにブルジョア社会の基礎を震撼させるものであるが、他ならぬこの変動こそ、その経過中に価格を生産費によって決定するのである。この無秩序の全運動がその秩序なのだ。この産業的無政府状態の経過中に、この循環運動中に、競争が、いわば、一方の極端を他方の極端によって相殺するのである。

これを要するに、一商品の価格はその生産費によって決定されるのであって、この商品の価格が生産費以上に騰貴する時期は、それが生産費以下に下落する時期によって相殺される――また逆のこともある――というのが、その仕方である。もちろんこれは、与えられた個々の産業生産物にではなく産業部門全体にのみ当てはまる。だからそれはまた、個々の産業家にではなく産業家階級全体にのみ当てはまるのである。

価格は生産費によって決定されるということは、価格は商品の生産に必要な労働時間によって決定されるということに等しい。けだし、生産費を構成するものは、第一には、原料と用具磨損分、すなわち、その生産に一定量の労働日を要し従って一定量の労働時間を表示する産業生産物であり、第二には、やはり時間を尺度とする直接的労働だからである。

さて、商品一般の価格を規制する同じ一般的法則は、もちろん、労賃すなわち労働の価格をも規制する。

労働の賃銀は、需要供給の関係に応じて、すなわち、労働力の買手たる資本家たちと労働力の売手たる労働者たちとの間の競争の状態に応じて、ときには騰貴し、ときには下落する。商品価格一般の変動に応じて、労賃も変動する。だが、この変動の内部において、労働の価格は生産費によって、すなわち、この労働力という商品を生産するに要する労働時間によって、決定されるであろう。

では、労働力そのものの生産費とは何か？

それは、労働者を労働者として維持するために、また労働者を労働者として育てあげるために必要とされる費用である。

だから、ある労働が必要とする育成時間が少ければ少いほど、その労働者の生産費が少く、彼の労働の価格すなわち彼の労賃がそれだけ低いわけである。ほとんど全く教育時間を必要とせず、労働者の単なる肉体的生存だけで間にあうような産業部門では、彼の生産に必要な生産費は、ほとんどただ、彼の労働可能な生活を維持するために必要な商品だけに限られる。だから、彼の労働の価格は、必要生活手段の価格によって決定されるであろう。

ところが、まだもう一つ注意すべきことがある。工場主は自分の生産費を計算し、これに従って生産物の価格を計算するのであるが、彼は労働用具の消耗をも勘定に入れる。彼がある機械に例えば千マルクを要し、そしてこの機械が十年間に消耗するとすれば、彼は、十年後に消耗した機械を新機械と取換えうるために、年々百マルクを商品の価格に加算する。同じような仕方で、簡単な労働力の生産費にも、労働者種族が繁殖して消耗労働者を新労働者と取換えうるための繁殖費が加算されねばならぬ。だから労働者の消耗は、機械の消耗と同じ仕方で勘定に入れられるのである。

だから、簡単な労働力の生産費を総計すれば、労働者の生存＝および繁殖費となる。この生存＝および繁殖費の価格は労賃を形成する。こうして決定される労賃は労賃の最低限と呼ばれる。この労賃の最低限は、生産費一般による商品の価格決定と同じように、個々の個人にではなく、〔労働者〕種族に当てはまる。個々の労働者は、幾百万の労働者は、生存繁殖しうるだけを受取っていない。だが全労働者階級の労賃は、その変動の内部においてこの最低限に一致する。

いまやわれわれは、労賃ならびに他の各商品の価格を規制する一般的法則については意見が一致したから、われわれの対象により細かく立入ることができる。

資本は、新たな原料、新たな労働用具、および新たな生活手段を生産するために使用されるところの、あらゆる種類の原料、労働用具、および生活手段から成りたつ。資本のこれらの成分のすべては、労働の創造物であり、労働の生産物であり、蓄積された労働である。新たな生産の手段として役だつ蓄積された労働、——これが資本である、と。

かように経済学者たちはいう。

黒人奴隷とは何か？　黒色人種の人間だ。右の説明は、この説明くらいの値うちである。

黒人は黒人である。一定の諸関係のもとで彼は初めて奴隷となる。木綿紡績機械は木綿紡績のための機械である。一定の諸関係のもとでのみそれは資本となる。これらの関係から引離されればそれが資本でないことは、金がそれ自体として貨幣でなく、また砂糖が砂糖価格〔価格をもつ砂糖、すなわち単なる使用価値でなく商品としての砂糖〕でないのと同じである。

生産において人間は、自然に働きかけるばかりでなく相互にも働きかける。彼らはただ一定の仕方で共働し、また彼らの活動を相互に交換しあうことによってのみ、生産する。生産するためには、彼らは相互に一定の諸連関および諸関係を結ぶのであって、この社会的諸連関および諸関係の内部でのみ、自然にたいする彼らの働きかけが行われ、生産が行われるのである。

生産者たちが相互にとり結ぶこの社会的諸関係、そのもとで彼らがその諸活動を交換しまた生産の全行為に参加する諸条件は、もちろん、生産手段の性格に応じて相違するであろう。火器という新武器の発見とともに、必然的に、軍隊の内部的全組織が変化し、その内部で個々人が軍隊を形成し軍隊として作用しうる諸関係が変動し、種々の軍隊の相互関係も変化した。

だから、そのうちで個々人が生産する社会的諸関係、すなわち社会的生産諸関係は、物質的生産手段の・生産諸力の・変化および発展とともに、変化し変動する。生産諸関係はその全体において、社会的諸関係・社会・と名づけられるものを、しかも、一定の・歴史的な・発展段階における一社会を、独自な・別個な・性格をもつ一社会を、形成する。古代的社会、封建的社会、ブルジョア的社会は、生産諸関係のかかる全体であって、そのおのおのは同時に、人類の歴史における特殊的な一発展段階を表わす。

資本も一つの社会的生産関係である。それは一つのブルジョア的生産関係であり、ブルジョア的社会の一生産関係である。資本を構成する生活手段・労働用具・原料は、与えられた社会的諸条件のもとで、一定の社会的諸関係において、生産され蓄積されたのではないか？これらのものは、与えられた社会的諸条件のもとで、一定の社会的諸関係において、新たな生産に使用されるのではないか？そして、まさにこの一定の社会的性格こそ、新たな生産に役だつ諸生産物を資本たらしめるのではないか？

資本は、生活手段・労働用具および原料だけから、物質的諸生産物だけから、成立つのではない。それは同じように、諸交換価値から成立つ。資本を構成するすべての生産物は商品である。だから資本は、物質的諸生産物の一総量であるばかりでなく、諸商品の、諸交換価値の、社会的な大いさの、一総量である。

われわれが羊毛を棉花と、小麦を米と、鉄道を汽船と、とりかえても、もし棉花・米・汽船——資本の体（からだ）——が、これまで資本を体現していた羊毛・小麦・鉄道と、同じ交換価値・同じ価格をもちさえすれば、資本は同一不変である。資本はいささかの変化も蒙ることなしに、資本の体はたえず変化することができる。

だが、各資本は諸商品すなわち諸交換価値の一総量だとしても、諸商品・諸交換価値・の各総量が資本ではない。

諸交換価値の各総量は一交換価値である。各個の交換価値は諸交換価値の一総量である。たとえば、千マルクに値する一軒の家は、千マルクという一交換価値である。一ペニヒに値する一枚の紙は、百分の百ペニヒという諸交換価値の一総量である。他の諸生産物と交換されうる諸生産物は、諸商品である。諸生産物が交換されうる一定の比率は、それらの交換価値をなす、——または、貨幣で表現されればそれらの価格をなす。これらの生産物の分量は、それらが商品であるという、またはは一交換価値をあらわすという、または一定の価格をもつという、それらの規定を何ら変化させえない。樹は、大きくても小さくても依然として樹である。鉄を他の諸生産物と交換するに斤を以てしようと、トンを以てしようと、鉄が商品であり交換価値であるという性格に変化があろうか？　鉄は、その分量のいかんに応じて多いか少いかの価値をもち、高いか低いかの価格をもつ商品である。

ではいかにして、諸商品・諸交換価値・の一総量が資本となるか？

それが、自立する社会的権能として、すなわち社会の一部分のものの権能として、直接の生きた労働力との交換により、みずからを維持し増殖することによってである。労働能力以外に何ももたない一階級の生存は、資本の必要な一前提である。

直接の生きた労働にたいする、蓄積された過去の対象化された労働の支配は、蓄積された労働をして初めて資本たらしめる。

資本の本領は、蓄積された労働が生きた労働にたいし、新たな生産の手段として役だつという点にあるのではない。それは、生きた労働が蓄積された労働にたいし、その交換価値を維持し増加する手段として役だつという点にあるのである。

資本家と賃労働者との間の交換においては、何が起るか？

労働者は、自分の労働力と交換して生活手段を受けとるが、資本家は、自分の生活手段と交換して労働を、労働者の生産的活動を、創造的力を、受けとるのであり、これによって労働者は、彼の消費するものを塡補（てんぽ）するばかりでなく、蓄積された労働にたいし、それが以前にもっていたよりも大きな価値を与えるのだ。労働者は、資本家の手もとにある生活手段の一部分を受けとる。この生活手段は彼にとり、何に役だつか？　直接的消費にである。だが、私が生活手段を消費すれば、それは私の手からなくなってもう帰ってはこない、——といっても、この生活手段が私の生命を維持する時間を利用して私が新たな生活手段を生産する場合、すなわち、その消耗中に消費されてしまう価値の代りに私の労働によって新たな価値を生みだす場合は、別である。だが、まさにこの貴重な再生産的力は、受けとった生活手段との交換において、労働者のもとを去って資本のものとなる。つまり彼は、それを、自分自身の立場からすれば失ったのである。

一例をとってみよう。ある借地農業者は彼の日雇人に、毎日銀貨五グロシェンを与える。後者は五グロシェンのために、終日、借地農業者の畑で労働し、かくして彼に十グロシェンの収入を保証する。借地農業者は彼が日雇人に渡さねばならぬ五グロシェンを回収するだけではない。彼はそれを二倍にするのだ。だから彼は、日雇人に与えた五グロシェンを結実的・生産的な仕方で使用し消費したのである。彼は五グロシェンで、まさに、二倍の価値ある土地生産物を生産して五グロシェンを十グロシェンたらしめる日雇人の労働と力を買ったのだ。日雇人はこれに反し、その働きを彼が他ならぬ借地農業者に譲りわたした自分の生産力の代りに五グロシェンを受けとるのであるが、これを彼は生活手段と交換してこの生活手段を晩かれ早かれ消費するのである。だから五グロシェンは二重の仕方で消費された。すなわち資本にとっては再生産的に、——けだしそれは、十グロシェンを生みだした労働力*と交換されたのだから。労働者にとっては不生産的に——けだしそれは、生活手段と交換されたのだが、この生活手段は永遠に消滅したのであって、彼は借地農業者との同じ交換を繰返すことによってのみ、その価値を再び得ることができるのだから。だから、資本は賃労働を前提とし、賃労働は資本を前提とする。それらは相互に制約しあう。それらは相互に生みだしあう。

* この「労働力」という表現はエンゲルスによるものでなく、マルクスが『新ライン新聞』で発表した原文でもこうなっている。——『二巻選集』編集者。

ある木綿工場の一労働者だが、彼は綿布を生産するだけであるか？ いな、彼は資本を生産する。彼は価値を、すなわち、彼の労働を指揮してこの労働により新価値を創造するために再び役だつ価値を、生産するのである。

資本は、労働力と交換されることによってのみ、賃労働をうみだすことによってのみ、増殖されうる。賃労働者の労働力は、資本を増加させることによってのみ、それを奴隷のように使う権能を強大にすることによってのみ、資本と交換されうる。だから資本の増加は、プロレタリアートすなわち労働者階級の増加である。

だから資本家と労働者との利害は同一だ、とブルジョアおよびその経済学者たちは主張する。また事実上そうだ！　労働者は、資本が彼を雇わなければ滅びてしまう。資本は、労働力を搾取しなければ滅びてしまう。そして労働力を搾取するためには、資本はそれを買わねばならぬ。生産に充当される資本・生産的資本・が急速に増加すればするほど、したがって産業が繁栄すればするほど、ブルジョアジーが富めば富むほど、景気がよくなればなるほど、資本家はますます多く労働者を使用し、労働者はますます高く売れてゆく。

だから、労働者の状態がかなりであるための欠くべからざる条件は、生産的資本のできるだけ急速な増大である。

だが、生産的資本の増大とは何か？　生きた労働にたいする蓄積された労働の権能の増大である。労働者階級にたいするブルジョアジーの支配の増大である。賃労働が、それを支配する他人の富を、それに敵対する権能・資本・を生産すれば、それから、賃労働の雇傭手段すなわち生活手段が逆流してくる、――ただし、賃労働がふたたび資本の一部分となり、ふたたび資本を加速的な増大運動に投入れる槓杆となる、という条件のもとで。

資本の利害と労働者の利害とが同一だということは、資本と賃労働とは一個同一の関係の両面だということを意味するにすぎぬ。一方が他方を制約することは、高利貸と放蕩者とが相互に制約しあうのと同じである。

賃労働者が賃労働者であるかぎり、彼の運命は資本に依存する。吹聴される労働者と資本家との利害の共通というのは、このことである。

資本が増大すれば賃労働の分量が増大し、かくして賃労働者の総数が増大するのであって、一言でいえば、資本の支配がより多数の個々人のうえに拡大される。そして、最も好都合な場合を仮定すれば、――生産的資本が増大すれば、労働にたいする需要が増大する。そこで労働の価格たる労賃が騰貴する。

家が大きくても小さくても、それをとりかこむ他の家々が同じように小さいかぎりは、その家は、住居に対する一切の社会的要求をみたす。だが、その家のそばに大厦高楼が建てられると、その小さな家は小舎のように見すぼらしくなる。そこでその小さな家は、その住居者が何らの要求もなしえないか僅かの要求しかなしえないことを証明する。そして文明の進むにつれて、その家がなおどんなに高くなろうとも、となりの大廈高楼が同じ程度またはーそう大きな程度に高くなれば、その比較的に小さな家の居住者は、うちにいてますます不快に、不満に、憂鬱に、なるであろう。

労賃の著しい騰貴は、生産的資本の急速な増大を前提とする。生産的資本の急速な増大は、富の、奢侈(しゃし)の、社会的欲望の、および社会的享楽の、やはり急速な増大を生ぜしめる。だから、たとえ労働者の享楽が増加しても、それがもたらす社会的満足は、労働者にとって及びもつかぬ資本家の享楽の増加に比較すれば、社会一般の発達状態と比較すれば、減少したわけである。われわれの欲望および享楽は社会から生ずる。だからわれわれはそれを、社会を標準として測る。われわれはそれを、その満足の対象物では測らない。それは社会的なものであるから、相対的なものである。

労賃はけっして、それと交換されうる諸商品の分量によって決定されるだけではない。それは種々の連関を含んでいる。

労働者たちがさしあたり彼らの労働力と交換して受けとるものは、一定額の貨幣である。労賃はこの貨幣価格によってのみ決定されるのであるか？

十六世紀には、アメリカにおける豊饒(ほうじょう)で採掘しやすい鉱山の発見の結果として、ヨーロッパで流通する金銀が増加した。そこで、金銀の価値は他の諸商品に比較して減少した。労働者たちは彼らの労働力にたいし、これまでと同じ分量の銀貨を受けとった。彼らの労働の貨幣価格は同一不変であったが、それにもかかわらず彼らの労賃は下落した。けだし彼らは、同一量の銀と交換して、より少量の他の諸商品しか受けとらなかったからである。これこそは、十六世紀における資本の増大・ブルジョアジーの勃興・を促進した事情の一つであった。

もう一つの場合をあげよう。一八四七年の冬には、凶作の結果として、最も必要欠くべからざる生活手段たる穀物・肉・バター・チーズなどの価格が著しく騰貴した。労働者たちは彼らの労働力にたいし、これまでと同じ額の貨幣を受けとったと仮定しよう。彼らの労賃は下落しなかったであろうか？　もちろん下落した。同じ貨幣と交換して、彼らはより僅かのパン・肉などしか受けとらなかった。彼らの労賃は下落したのであるが、それは銀の価値が減少したからではなく、生活手段の価値が増加したからである。

最後に、労働の貨幣価格は同一不変であるのに、すべての農産物および加工品の価格が、新たな機械の使用・豊作などの結果として下落したと仮定しよう。すると労働者たちは同じ貨幣で、より多くのあらゆる種類の商品を買うことができる。だから彼らの労賃は増加したのであるが、それはまさに、彼らの労賃の貨幣価値が変動しなかったからである。

だから労働の貨幣価格、名目労賃は、現実労賃、すなわち、労賃と交換して現実に与えられる諸商品の総量とは、一致しない。だからわれわれは、労賃の騰落を云々する場合には、労働の貨幣価格・名目労賃だけを眼中に置いてはならぬ。

だが名目労賃、すなわち、それだけで労働者がみずからを資本家に売る貨幣額も、現実労賃、すなわち、彼がこの貨幣で買いうる商品量も、労賃に含まれている諸連関を汲みつくすものではない。

労賃は何よりもまず、なお、資本家の利得・利潤にたいする労賃の比率によって決定される、——これは相対的労賃である。

現実労賃は、他の諸商品の価格と比較しての労働の価格を表現するのであるが、相対的労賃はこれと異なり、直接的労働によって新たに生みだされた価値のうち、蓄積された労働すなわち資本に帰属する分前と比較しての、直接的労働の分前を表現する。

われわれはすでに四四頁で述べた、——「労賃は、労働者によって生産された商品における労働者の分前ではない。労賃は、資本家がもって一定量の生産的労働力を買取るべき、既存の商品の一部分である」と。だがこの労賃を資本家は、労働者によって生産された生産物を彼が売る価格のうちから回収せねばならぬ。その回収に際しては、彼はなお、通常、彼の投下した生産費をこえる超過分たる利潤が残るようにせねばならぬ。労働者によって生産された商品の販売価格は、資本家にとっては三つの部分に分かれる、——その第一は、彼が投下した原料の価格の回収、ならびに、やはり彼が投下した道具・機械・その他の労働手段の磨損分の回収である。その第二は、彼が投下した労賃の回収であり、その第三は、それ以上の超過分たる資本家の利潤である。この第一の部分は、もとからあった価値を回収するにすぎないが、労賃の回収ならびに資本家の超過利潤は、明らかに、いっさい合切、労働者の労働によって創造された・そして原料に付加された・新価値から得られるのである。そしてこの意味ではわれわれは、労賃ならびに利潤をば、互いに比較しあうために、労働者の生産物の分前と解することができる。

現実労賃は同一不変であっても、またたとえ騰貴しても、それにもかかわらず相対的労賃は、下落することがありうる。たとえば、すべての生活手段の価格は三分の二だけ下落したが、日賃銀は三分の一だけ、つまりたとえば三マルクから二マルクに下落しただけだと仮定しよう。

なるほど労働者はこの二マルクを以て、まえに三マルクを以てしたよりも多量の商品を自由にするとはいえ、しかも彼の労賃は、資本家の利得と比較すれば減少したのである。資本家(たとえば工場主)の利潤は一マルクだけ増加した。すなわち労働者は、資本家から支払われるより少額の交換価値にたいして、以前よりも多額の交換価値を生産せねばならぬ。資本の分前は、労働の分前に比較して増加した。資本と労働との間の社会的富の分配は一そう不均等になった。資本家は同じ資本をもって、より多量の労働を指揮する。労働者階級にたいする資本家階級の権能は増大し、労働者の社会的地位は悪化し、一段と資本家の地位のしたにおし下げられた。

では労賃と利潤との騰落の相互関係を決定する一般的法則は何か?

労賃と利潤とは逆比例する。資本の分前たる利潤は、労働の分前たる労賃が下落するのと同じ比率で増加し、またその逆である。利潤は、労賃が下落するのに比例して増加し、労賃が騰貴するのに比例して減少する。

ひとは恐らく次ぎのような異論を唱(とな)えるであろう、——資本家は、自分の生産物を他の資本家たちと有利に交換することにより、自分の商品にたいする需要の増加——新市場開発の結果であるか旧市場での欲求の一時的増加などの結果であるかを問わず——によって、利得することができる。だから資本家の利潤は、第三の資本家を瞞着(まんちゃく)することによって、労賃すなわち労働力の交換価値の騰落に係わりなく増加することがありうる。あるいは、資本家の利潤は、労働用具の改良、自然力の新たな応用などによっても増加しうるであろう、と。

さしあたり、ひとは、逆のことが生じても結果に変りがないことを認めねばならぬであろう。なるほど利潤は、労賃が下落したから増加したのではないが、しかし労賃は、利潤が増加したから下落したのである。資本家は、同一量の他人の労働をもってより多量の交換価値を購(あがな)ったが、だからといって労働により多くを支払いはしなかった。すなわち、かくして労働は、それが資本家にもたらす純収益と比較すれば、より少く支払われるのである。

さらにわれわれは、商品価格の変動にもかかわらず、各商品の平均価格は、それが他の商品と交換される比率は、それの生産費によって決定されるということを想いだす。だから、資本家階級の内部での瞞着は必然的に相殺される。機械の改良や、生産のための自然力の新たな応用は、ある与えられた労働時間内に同一分量の労働と資本とをもってより多量の生産物を生みだすことを可能にするが、しかし決して、より多量の交換価値を生みだすことを可能にはしない。私が紡績機械の使用によって一時間に、その発明前の二倍だけ、たとえば五十ポンドの代りに百ポンドの糸を供給しうるとしても、私は、この百ポンドと交換して、まえに五十ポンドと交換して得たよりも多くの商品をひきつづき受取りはしない。というのは、生産費が半分に減少したからであり、換言すれば、私は同じ費用をもって二倍の生産物を供給しうるからである。

最後に、一国のであろうと全世界市場のであろうと、資本家階級すなわちブルジョアジーが生産の純収益をどんな比率で相互間に分配しようとも、この純収益の総額はつねに、蓄積された労働の全体が直接的労働によって増加されただけの額にほかならない。だからこの総額は、労働が資本を増加させるのに比例して、すなわち利潤が労賃にくらべて増加するのに比例して、増大するのである。

これを要するに、われわれが資本と賃労働との関係の内部に立ちとどまる場合でさえも、資本の利害と賃労働の利害とは正反対に対立するのだ。

資本の急速な増加は利潤の急速な増加に等しい。利潤が急速に増加するのは、労働の価格が、相対的労賃が、同じく急速に下落する場合だけである。相対的労賃は、たとえ現実労賃が名目労賃・労働の貨幣価値・と同時に騰貴しても、利潤と同じ比率で騰貴するのでなければ、下落しうる。たとえば、好況期に労賃が五%だけ騰貴するのに反し、利潤の方は三〇%だけ増加するならば、相対的労賃は増加したのではなく、減少したのである。

だから、労働者の収入が資本の急速な増大につれて増加しても、それと同時に、労働者と資本家とを区分する社会的間隙が増加し、それと同時に、労働にたいする資本の権能が、資本への労働の依存が、増加する。

労働者は資本の急速な増大に利害関係をもつという意味は、ただ、労働者が急速に他人の富を増加すればするほど、ますます大きな破片(かけら)が彼の手に落ちきたり、そしてますます多くの労働者が使用され、かつ生みだされ、資本に依存する奴隷大衆がますます増加されうる、ということに他ならない。

これを要するに、——

労働者階級にとって最も好都合な状態たるできるだけ急速な資本の増大でさえも、それがどんなに労働者の物質的生活を改善しようとも、彼の利害とブルジョア的利害すなわち資本家の利害との対立を止揚することはない。利潤と労賃とはあいかわらず逆比例するのである。

資本が急速に増大すれば、労賃も騰貴するかもしれないが、資本の利潤は比較にならぬほど迅速に増加する。労働者の物質的状態は改善されたが、しかしそれは、彼の社会的状態を犠牲としてである。労働者を資本家から分離する社会的間隙は拡大された。

最後に、――

賃労働にとって最も好都合な条件は生産的資本のできるだけ急速な増大であるということは、ただつぎのことを意味するにすぎない、――すなわち、労働者階級が彼らに敵対する権能・彼らに君臨する他人の富・を急速に増加し増大すればするほど、彼らは、ますます好都合な条件のもとで新たにブルジョア的富を増加させ資本の権能を増大させるために労働することを許され、ブルジョアジーによって引きずりまわされるための金の鎖をよろこんで自ら鍛えることを許されるということ、これである。

生産的資本の増大と労賃の騰貴とは、ブルジョア経済学者たちが主張するように、現実に不可分に結びついているであろうか？　われわれは彼らの言葉を信じてはならない。われわれは、資本が肥大すればするほど資本の奴隷はますます飽食させられるという、彼らの言そのものを信じてはならぬ。ブルジョアジーは、自分の僕婢の美観を誇示する封建人の偏見を共にするには、あまりに開化しており、あまりに勘定高い。ブルジョアジーの生存諸条件は、彼らが勘定することを余儀なくさせるのである。

だからわれわれは、より詳しく研究せねばならぬであろう。

生産的資本の増大は、労賃にいかなる影響を及ぼすか？

ブルジョア社会の生産的資本が全体として増大すれば、労働のより多面的な蓄積が生ずる。諸資本[(1)]の数および規模が増大する。諸資本*の増加は、資本家間の競争を増加する。資本の規模の増大は、より巨大な武器をもつより厖大な労働者軍を産業的戦場に導くための手段を生ずる。

(1) 一八九一年版では「諸資本家」となっている。『新ライン新聞』に従って訂正。——編集者。

* これもカウツキー版では「諸資本家」となっている。——訳者。

ある資本家は、より安く販売することによってのみ他の資本家をうち破り、その資本を征服することができる。自己の破滅をきたさないでより安く販売しうるためには、彼はより安く生産せねばならぬ。すなわち、労働の生産力をできるだけ高めねばならぬ。ところが労働の生産力は、何よりもまず、分業の増進により、機械の一そう全面的な採用および絶えざる改良によって高められる。その間で分業が行われる労働者軍が大きくなればなるほど、機械の採用される規模が巨大となればなるほど、生産費は比例的にますます減少し、労働はますます多産的となる。だから資本家たちの間では、分業および機械を増加し、それらをできるだけ大規模に利用しようとする全面的な競争が生ずる。

いま或る資本家が、分業の増進により、新機械の使用および改良により、自然力の一そう有利で大量的な利用によって、同一量の労働または蓄積労働をもって、彼の競争者たちよりも多量の生産物すなわち商品をつくる方法を発見したならば、たとえば彼が、その競争者たちが半エルレの亜麻布を織るのと同一労働時間内に一エルレの亜麻布を生産しうるならば、この資本家はいかなる作戦をとるであろうか？

彼は、その気ならば、半エルレの亜麻布を従来どおりの市場価格で引きつづき売ることもできるが、しかしそれは、彼の敵をうち破って自分の販路を拡大する方法ではないであろう。ところが、彼の生産が拡大されたのと同じ程度で、彼のための販路の必要も拡大された。彼が生ぜしめたより有力で高価な生産手段は、なるほど、彼をして自分の商品をより安く売ることを得せしめるが、しかし同時に、それは彼をして、より多くの商品を売ることを、彼の商品のための遙かにより大きな市場を獲得することを、余儀なくさせる。だからわが資本家は、彼の競争者たちよりも、半エルレの亜麻布をより安く売るであろう。

だがその資本家は、――彼の一エルレの生産費は彼の競争者たちの半エルレの生産費よりも多くはないのだが、――その一エルレを、他人が半エルレを売るような安値では売らぬであろう。そうでなければ、彼は何ら余分な儲けがなく、交換によって生産費を回収するだけであろう。だから、彼がより大きな収入を得るとしても、それは、彼がより大きな資本を運動させるからであって、その資本を他人よりも高度に増殖したからではないであろう。さらに彼は、その商品の価格を競争者たちよりもただ一%だけ安くつければ、彼のめざす目的が達せられる。彼は競争者たちよりも安く売ることによって、彼らをうち破るのであり、少くとも彼らの販路の一部分をまきあげるのである。そして最後にわれわれは、商品の時価はその販売が好況期に行われるか不況期に行われるかに応じてたえず生産費以上となったり以下となったりする、ということを想いだす。一エルレの亜麻布の市場価格がその従来の通常の生産費以上となるか以下となるかに応じて、より多産的な新生産手段を使用した資本家が彼の現実の生産費以上に売る比率が変化するであろう。

だが、わが資本家の特権はなが続きするものではない。他の競争的資本家たちは、同じ機械、同じ分業を採用し、それらを同一またはより大きな規模で採用するのであって、この採用の一般化により、けっきょく、亜麻布の価格はその元の生産費以下どころか新たな生産費以下に下落するに至るであろう。

だから資本家たちは交互に、新たな生産手段の採用以前と同じ状態にあるのであって、彼らはこの生産手段をもって同一価格で二倍の生産物を供給しうるとしても、いまや彼らは、もとの価格以下で二倍の生産物を供給することを余儀なくされている。この新たな生産費の立場のうえでふたたび同じ競技が行われる。分業が進み、機械が増加し、分業および機械の利用される規模が大きくなる。そして競争は、ふたたびこの結果に同じ反作用を及ぼす。

かようにして生産様式、生産手段はたえず変革され、革命されるのであり、分業はより進んだ分業を、機械の使用は機械のより進んだ使用を、大規模な作業はより大規模な作業を、必然的に生ぜしめるのである。

これは、ブルジョア的生産をたえずその元の軌道から投げだす法則であり、資本を強制して、それがすでに労働の生産諸力を緊張させたが故にこれを緊張させる他なからしめる法則であり、資本にたいし、何らの休息を与えないで、絶えず進め！ 進め！ と耳語する法則である。

これこそは、商況変動の範囲内で商品の価格を必然的にその生産費に一致させる法則に他ならない。

ある資本家がどんなに有力な生産手段をもち出しても、競争はこの生産手段を一般化するであろう。そして競争がそれを一般化した瞬間からは、彼の資本の多産性増大の唯一の結果は、いまや彼が同一価格で以前の十倍、二十倍、百倍だけのものを供給せねばならぬということである。ところが彼は、より多量の生産物を売ることによって販売価格の下落を補うために、おそらく千倍も多く売らねばならぬので、というわけは、より多く儲けるためばかりでなく生産費を塡補するために、――すでに見たように生産手段そのものはますます高価になるのだ、――いまやより多量に売ることが必要だからであり、しかもこの大量販売は彼にとってばかりでなく彼の競争者にとっても死活問題となっているからであるが、そこで旧来の闘争は、すでに発明された生産手段が多産的であればあるほどますます激しくなる。かくして、分業および機械の使用がはるかに大きな規模でふたたび行われるであろう。

使用される生産手段の力がどうあろうとも、競争は、商品の価格を生産費までひき下げることにより、つまり、より安く生産――すなわち同量の労働をもってより多く生産――できればできるほど、より安く生産すること、すなわち同一価格でますます多量の生産物を供給することを命令的法則たらしめることによって、この力の金の果実を資本から奪おうとする。かくして資本家は、自分自身の努力によっては、同一労働時間内により多く供給する義務――一言でいえば自分の資本の増殖のより困難な諸条件――以外には何も得ないであろう。だから競争は、その生産費法則をもって絶えず資本家を追窮するのであり、また、資本家がその競争者相手に鍛える一切の武器は自分自身に対する武器として返ってくるのであるが、他方、資本家はたゆまず、新たな・より高価ではあるがより安価に生産する・機械と分業を、旧式のものの代りに採用して、競争がその新式のものを旧式化させるまで待たないことによって、たえず競争にうちかとうとする。

いまわれわれが、全世界市場におけるこの熱病的な激動を同時に考えてみれば、資本の増大、蓄積および集積の結果は、不断の・あわただしい・たえずますます大規模に行われる・分業、新機械の使用、および旧機械の完成、となるということが分かる。

だが、生産的資本の増大と不可分なこれらの事情は、労賃の決定にどう影響するか？

より進んだ分業は、一人の労働者に五人、十人、二十人分の労働をさせる。

だからそれは、労働者たちの間の競争を五倍、十倍、二十倍に増加させる。労働者たちは、一人が他人よりも自分を安く売ることによって競争しあうばかりではない。彼らは、一人が五人、十人、二十人分の労働をすることによって競争しあう。そして、資本によって採用され絶えず増進させられる分業は、労働者たちが、この種の競争をしあうことを余儀なくさせるのである。

さらに、――分業が進むのと同じ程度で、労働が簡単化される。労働者の特殊的な熟練は無価値となる。彼は、肉体的弾力も精神的弾力も働かせる必要のない簡単で単調な生産力に転化される。彼の労働は、誰にでもできる労働となる。だから競争者たちがあらゆる方面から彼を襲撃するのであり、しかもわれわれが想いだすように、労働が簡単となり習得しやすくなればなるほど、それをわがものとするに要する生産費が少くなればなるほど、労賃はますます下落するのである、――けだし他のあらゆる商品の価格と同じく、労賃も生産費によって決定されるからである。

だから、労働がますます不満で不快なものとなるのと同じ程度で、競争が増加し、労賃が下落する。労働者は、より長時間労働するか同一労働時間内により多く作業するかは別として、より多く労働することによって自分の労賃額を維持しようとする。だから彼は、必要に迫られて、分業の有害な影響をさらに甚だしくする。その結果は、――彼が労働すればするほど受けとる賃銀が減少するのであり、しかもそれは、彼は労働すればするほど自分の共働者と競争するという、したがって自分の共働者たちを自分自身と同じ悪条件で労働する競争相手にするという、つまり結局、彼は自分自身、労働者階級の成員としての自分自身と競争するという、簡単な理由からである。

機械は、同じ影響を遙かに大規模に生ずる。というのは、機械は、熟練労働者を不熟練労働者によって、男子を女子によって、大人を子供によって、駆逐するからであり、また機械は、それが新たに採用される場合には手労働者を大量的に放逐し、また、それが完成され、改良され、より多産的な機械によって置換えられる場合には労働者を少数ずつ解雇するからである。

以上われわれは、大ざっぱに、資本家たち相互間の産業戦を描いてみた。この戦いの特色は、労働者軍の募集によってよりもむしろ解雇によって勝利が得られるということである。将軍たる資本家たちは、相互に、誰が最も多く産業兵卒を除隊しうるかを競争する。

経済学者たちは、もちろん、機械によって過剰となった労働者は新たな就業部門を見出すと、われわれに説明する。

彼らは、除隊されたこの同じ労働者が新たな労働部門で就職すると、敢て直接に主張するのではない。もろもろの事実は、この虚偽を余りにも明白に否定する。彼らの主張するところは、実は、労働者階級の他の構成部分にとっては、たとえば若い労働者のうちこの衰微した産業部門にはいる用意のすでに出来ている部分にとっては、新たな雇傭手段が現われるだろう、ということに他ならない。これはもちろん、落伍した労働者にとっての大した賠償だ。資本家諸公にとっては、搾取できる新鮮な肉と血に不足はないであろう。死者をしてその屍(しかばね)を葬らしめよ、だ。このことは、ブルジョアが労働者に与えるよりもむしろ自分自身に与える慰めである。もし全賃労働階級が機械によって絶滅されるようなことがあれば、それは、賃労働がなければ資本たることをやめる資本にとっていかに怖ろしいことであろう!

だが仮りに、機械によって直接に仕事を奪われた人々、および、すでにこの仕事の口を待っていた若者たちの全部が、ある新たな仕事の口を見出すとしよう。ひとは、この仕事の口が失われた過去の仕事の口と同じ程度に支払われるだろう、と考えるであろうか? それは、経済上のすべての法則と矛盾するであろう。すでに見たように、近代的産業のもとでは、たえず必然的に、簡単で低級な仕事が、複雑で高級な仕事にとって代るのである。

それゆえに、ある産業部門から機械によって投げだされた労働者大衆は、より低く、より悪く支払われている他の産業部門以外に、どうして避難所を見出しうるであろうか？

ひとは例外として、機械そのものの製作に従事する労働者を挙げている。より多くの機械が産業で要求され消費される以上は、機械が、したがって機械製作業が、したがって機械製作業における労働者の仕事の口が、必然的に増加するはずであり、そしてこの産業部門で使用される労働者は、熟練な、しかり教養さえある労働者だ、というのである。

すでに以前から半面の真理だったにすぎぬこの主張は、一八四〇年いらい、その一切の外観を失った。というわけは、ますます多方面の機械が、綿糸の製造にと同じ程度に機械の製作に使用され、そして、機械製作業に従事した労働者は、きわめて精巧な機械にくらべれば、もはや、きわめて不精巧な機械の役目を演じえたにすぎぬからである。

だが工場は、機械によって免職された一人の男子の代りに、おそらく三人の子供と一人の婦人とを雇うであろう！　そしてその男子の賃銀は、三人の子供と一人の婦人とのために十分なはずではなかったか？　労賃の最低限は、〔労働者〕種族を維持し増加させるに十分なはずではなかったか？　では、この愛用のブルジョア的きまり文句は何を証明するか。他でもない、一個の労働者家族の生計を得るために、以前にくらべて今や四倍だけの労働者の生命が消費されるということである。

これを要約すれば、――生産的資本が増大すればするほど、分業と機械の使用とがますます拡大する。分業と機械の使用とが拡大すればするほど、労働者の間の競争がますます拡大し、彼らの賃銀がますます収縮する。

しかも労働者階級は、さらに、社会のより上層から補充される。多数の小産業家および小金利生活者が、労働者階級に転落するのであって、これらの人々はにわかには、労働者の腕とならべて自分の腕をさし出すこと以外には何もできぬのである。かくして、空高くさし延ばして仕事を求める腕の森はますます繁ってゆき、腕そのものはますます痩せてゆく。

小産業家が、戦い――そこでは、ますます大規模に生産すること、すなわち、まさに大産業家となって小産業家でなくなることが重要条件の一つである戦い――に耐えないのは、自明のことである。

資本の利子は、資本の量および数が増加して資本が増大するのと同じ程度で低落するということ、したがって、小金利生活者は、もはや自分の金利では生活することができず、したがって産業に身を投ぜざるをえず、したがって小産業家の仲間を、かくしてまたプロレタリアートの候補者を増加させるということ、――こうしたことはすべて、おそらく、なんら詳しい説明を要しないであろう。

最後に、資本家たちが前述の運動に強制されて、既存の巨大な生産手段をより大きな規模で利用し、そしてこの目的のために信用上の全発条を運用すればするほど、産業上の地震が、すなわちそこでは、商業世界が富・生産物・および生産諸力さえもの一部分を冥府(めいふ)の神々に犠牲(いけにえ)とすることによってのみ耐えられるような地震が、――一言でいえば恐慌が、増加する。恐慌は、すでに次ぎの理由でも――すなわち、生産物量が増大し従って市場拡大を求める欲望が増大すればするほど、世界市場はますます収縮し、利用すべき新市場はますます残り少くなる、というのは、先行の各恐慌がすでに、これまで未征服だったか商業によって表面的にのみ搾取された市場を世界商業に隷属させたからだ、というだけの理由でも――ますます頻繁となる。だが資本は、労働によって生活するだけではない。上品であると同時に野蛮な支配者たる資本は、自分の奴隷の死体を、恐慌で没落する全犠牲労働者を、墓穴に引きずりこむのである。ここれを要するに、——資本が急速に増大すれば、労働者間の競争は遙かに一そう急速に増大する。すなわち、労働者階級のための雇傭手段たる生活手段は相対的にますます減少するが、それにもかかわらず、資本の急速な増大は賃労働にとって最も好都合な条件なのである。

付録*

＊ 以下は、一八四七年十二月に書かれたマルクスの手稿「労賃」の第六および第七節である。——編集者。

第六節　救済案

一、最も好まれる案の一つは、貯蓄金庫の制度である。

われわれは、労働者自身の大部分は貯蓄する可能性がないということについては、ぜんぜん語るつもりがない。

その目的——少くとも貯蓄金庫の厳密に経済的な意義——は、次ぎのことでなければならぬ。すなわち労働者たちが、彼ら自身の予見と聡明とにより、有利な労働時間と不利な労働時間とを平均し、かくして、産業運動が通過する循環中に彼らの労賃を生活に不可欠な最低労賃以上には現実に支出しないように配分するということ、これである。

だが、すでにわれわれが見たように、労賃の変動は労働者をまさに転覆するばかりでなく、労働者は、労賃の最低限以上の一時的な騰貴なしには、生産・公的富・文明・のあらゆる進歩から、したがって解放のあらゆる可能性から、除外されたままであろう。かくして労働者は、自分自身をブルジョア的計算器に転化し、しみったれを制度化し、そしてルンペン生活に停滞的・保守的な性格を与えねばならぬ。

このことを度外視しても、貯蓄金庫制度は専制主義の三重の機関である。

(二)* 貯蓄金庫は、政府が労働者階級の一大部分を捕えておく金の鎖である。かくして労働者階級は、現状の維持によって利益を得るばかりではない。労働者階級のうち、貯蓄金庫に関与している部分と関与していない部分との間の、分裂が生ずるばかりではない。かくして労働者たちは、彼らを抑圧する現存の社会組織を維持するために、彼らの敵そのものの手に武器を提供するのである。

* 独文『マルクス主義の旗の下に』誌第一年第一冊(一九二五年)によれば、この(二)が(一)となり、最後の一節「かくして労働者たちは……」が改行されて(二)となっている。

――訳者。

(三)　貨幣は国立銀行に還流し、国立銀行はこれを再び資本家たちに貸しつける。そして両者は、互いに利潤を分けあい、かくして、人民から零細の利子で借りた貨幣――この貨幣は、まさにこの集積によって初めて強力な産業的槓杆(てこ)となる――をもって、彼らの資本を、人民にたいする彼らの直接の支配力を、増加する。

二、ブルジョアたちによって甚だしく好まれるもう一つの案は、教育、殊に全面的な産業教育である。

われわれは、近代的産業はますます複雑労働を何らの教育も要しない簡単労働によって置換えるという点に横たわる馬鹿馬鹿しい矛盾に注意を促すつもりはない。われわれは、近代的産業はますます七歳の児童を機械の背後に投げやって、ブルジョア階級のためばかりでなく児童自身のプロレタリア的両親のための収入源たらしめるということに注意を促すつもりはない。工場制度は学校法を無効ならしめる、――プロシアの例。われわれはまた、精神的教養は、たとえ労働者がそれをもっていても、彼の労賃にはぜんぜん直接には影響しないこと、教育は総じて生活諸関係に依存すること、および、ブルジョアは精神的教育をブルジョア的諸原則の注入(と解している)こと、および最後に、ブルジョア階級は人民に現実の教育を授けるための手段をもたず、また仮りにもっていてもそんなことには使わないだろうということにも、注意を促すつもりはない。

われわれはただ一つ、純粋に経済的な観点を強調するにとどめる。——すなわち、労働者が教育が博愛主義的経済学者たちのもとでもつ本来の意義はこうだ、新機械の使用または分業の変化によって一部門から投出されても、できるだけ容易に他の部門で就職しうるように、どの労働者にもできるだけ多くの労働部門に通暁させるということ、これである。

このことが可能だと仮定しよう。

その結果は、もし一労働部門に人手の過剰があれば、こうした過剰はただちに他のすべての労働部門でも生じ、しかもなお、以前にもまして、一事業における労賃の低下は直接に労賃の一般的な低下を生ぜしめるだろう、ということであろう。

そうでなくともすでに、近代的産業は到るところで労働を非常に簡単ならしめ、容易に習得しうるものたらしめるので、一産業部門における労賃の騰貴は、ただちにこの産業部門に労働者を殺到させて、賃銀低下が多かれ少かれ直接に一般的性格を帯びるであろう。

ブルジョア側からなされた多くの小さな緩和案にはここではもちろん立入ることができない。

三、だがわれわれは、実際的に非常に重大な結果を生ぜしめたし、また日々生ぜしめている第三案——マルサスの学説*を問題とせねばならぬ。

* イギリスの経済学者マルサス(一七六六—一八三四年)の人口論。彼は、資本によって生みだされた過剰人口と労働者の窮乏化とを説明するために、もともと人口は、自由にしうる生活手段よりも急速に増加するということから出発し、そして労働者に、対策として産児制限をすすめた。——訳者。

この全学説は、ここで考察せねばならぬ限りでは、つぎの諸点に帰着する。

(a) 労賃の高さは、提供される労働者数と要求される労働者数との関係に依存する。

労賃は二重の仕方で増大しうる。

第一には、労働を運動させる資本が急速に増加して、労働者に対する需要がその供給よりも急速に——より迅速な割合で——増加する場合。

第二には、人口の増加が緩慢で、そのために、生産的資本の増大は急速でないにもかかわらず、労働者間の競争が依然として微弱な場合。

この関係の一方の面、すなわち生産的資本の増大に対しては、君たち労働者は何らの影響も及ぼすことができない。

これに反し、他の面に対してはそれができる。

君たちは、できるだけ僅かの子供しか作らないことによって、労働者の供給、すなわち労働者の競争を減少させることができる、と。

この教義の全くの馬鹿らしさ、下劣さ、および不誠実さを暴露するためには、つぎのことをいえば十分である。

(b)(これは第一節[1]、生産諸力の増大は労賃にどう影響するか? に付加すべきである。)

(1) この付録には収めなかった「労賃」にかんする手稿の第一節を意味する。――編集者。

労賃は、労働にたいする需要が増大するとき増大する。この需要は、労働を運動させる資本が増大するとき、すなわち生産的資本が増加するとき、増大する。

さてここで、二つの主要な注意を加えねばならぬ。

第一に、労賃騰貴の一主要条件は、生産的資本の増大であり、そのできるだけ急速な増大である。だから、労働者がかなりの状態にあるための主要条件は、彼の状態をブルジョア階級に比べてますます低下させるための、彼の敵の力――資本――をできるだけ増加させるための、条件である。すなわち彼は、自分に敵対する力・自分自身の対立物・を生みだし強化するという条件のもとでのみ、かなりの状態にありうるのである。この条件のもとでは、彼が自分に敵対するこの力を生みだすことにより、この力から彼に向って雇傭手段がやってくるのであるが、この雇傭手段は、ふたたび彼を生産的資本の一部分たらしめ、資本を増加してこれを加速的な増大運動に投入れる槓杆たらしめるのである。

ついでに注意しておくが、資本と労働とのこの関係が理解されたならば、フーリエ主義*その他の調停の企ては全く笑うべきものなることが分かる。

* フランスにおける十九世紀の三〇年代の社会主義の一派であって、偉大な空想主義者フーリエの理論から出発せるもの。これは、階級闘争の立場に立たなかったので、その計画(ファランステールすなわち一種の半社会主義的植民地の建設)の実現のために、「市民および金満家たちの博愛心に訴え」(マルクス)ねばならなかった。――訳者。

第二に、かくしてわれわれは、このとんでもない関係を一般的に説明したので、第二の一そう重要な要素に移る。

すなわち、生産的資本の増大とは何か、また、それはどんな条件のもとで行われるか？

資本の増大とは、資本の蓄積および集積というのに等しい。資本が蓄積され集積されるのと同じ割合で、つぎのような結果を生ずる。

より大きな規模での労働、したがってまた、労働をさらに一そう簡単化する他の分業。

ついで、機械の大規模な採用と、新しい機械の採用。

すなわち、生産的資本が増大するのと同じ割合で、労働者間の競争が増大する。けだし、分業が簡単化されて、誰でもどの労働部門にでも就けるようになるからである。

彼らの間の競争は一そう増大する、というわけは、彼らは〔生産的資本が増大するのと〕同じ割合で機械と競争せねばならず、機械によって失業させられるからである。生産的資本の集積および蓄積は、それが生産の行われる規模をますます大ならしめることにより、さらには、提供された諸資本間の競争によって金利がますます低落することにより、——

かくして次ぎのような結果を生ずる。

小さな産業的企業は瓦解して、大企業との競争に耐ええない。ブルジョア階級の全構成部分が労働者階級につき落される。だから労働者間の競争は、生産的資本の増大と宿命的に結びついている小産業家たちの没落によって増大される。

それと同時に、金利の低落のゆえに、従来は直接には産業に参加していなかった小資本家たちが産業家となることを、すなわちさらに新たな犠牲（いけにえ）を大産業に供することを、余儀なくされる。だからこの方面からしても、労働者階級が増大され、そして労働者間の競争が増加される。

生産諸力の増大は一そう大規模な作業を生ぜしめるので、一時的な過剰生産がますます必然的となり、世界市場がますます拡大され、したがってより普遍的な競争により恐慌がますます激しくなる。そこで労働者たちの結婚および繁殖のための突然な奨励手段が与えられると、彼らは、より大きな大衆に集結集中され、彼らの賃銀はますます動揺的となる。だから、新たな恐慌はいずれも、直接に、労働者間の遙かに大きな競争をひきおこす。

一般的にいえば、より迅速な交通手段・加速的な流通・熱病的な資本転態・をともなう生産諸力の増大というのは、同じ時間内により多く生産されうるということ、つまり、競争の法則に従ってより多く生産されねばならぬということである。すなわち、生産はますます困難な諸条件のもとで行われるのであって、こうした諸条件のもとで競争に耐えうるためには、作業がますます大規模に行われ、資本がますます少数者の手に集中*されねばならぬ。そして、こうした大規模な生産が有利であるためには、分業および機械がたえず、かつ不均衡に拡大されねばならぬ。

* konzentrieren。マルクスは、この手稿ではまだ、のちに『資本論』(第一部第二十三章)で概念化された資本の「集中」(Zentralisation)と「集積」(Konzentration)との区別をしないで、もっぱらkonzentrieren, Konzentrationという言葉を使っている。——訳者。

ますます困難な諸条件のもとでのこうした生産は、資本の一部分としての労働者にも影響を及ぼす。労働者は、ますます困難な諸条件のもとで、すなわち、ますます僅かの賃銀でより多く労働し、ますます安い生産費でより多く生産せねばならぬ。かくして最低限そのものは、ますます引下げられて、より大きな努力をしながら生活の享楽は最低限ということになる。

だから生産諸力の増大は、大資本の支配の増大を、労働者という機械の愚昧化および単純化の増大を、労働者間の——分業および機械使用の増大による、まさしく機械制生産につきものの奨励金による、没落したブルジョア階級部分の競争などによる、——直接的競争の増大を、生ぜしめる。

われわれは、事態をさらに一そう簡単に定式化することができる。生産的資本は次ぎの三つの成分から成りたつ。

(一) 加工される原料。

(二) 機械、および機械の運転に必要な石炭などのような材料、建物その他。

(三) 労働者の維持にあてられる資本部分。

さて、生産的資本が増大する場合、これら三つの成分の相互関係はどうか?

生産的資本の増大にはその集中が結びついており、そしてこの集中には、生産的資本はますます大きな規模で利用されて初めて有利となりうるということが結びついている。

だから、資本の一大部分は直接に労働用具に転形され、労働用具として活動しているのであって、生産諸力が増大すればするほど、資本のうち直接に機械に転形されるこの部分が増大するであろう。

機械ならびに分業が増大すれば、より短時間に比較にならぬほど多く生産されうる、という結果になる。だから、原料の在荷が同じ割合で増加せねばならぬ。生産的資本の増大につれて、資本のうち原料に転形される部分が必然的に増加する。

さて、生産的資本のうち残るところは、労働者の維持にあてられる、すなわち労賃に転態される第三の部分である。

では、生産的資本のこの部分の増大が他の二つの部分にたいする関係はどうか？

その不均衡は、算術的に〔二、三、四というふうに〕ではなくて幾何学的に〔二、四、八というふうに〕高まる。

より大なる分業は、一人の労働者が、以前の三人、四人、五人と同じだけ生産するという結果を生ずる。機械は、同じ関係を比較にならぬほど大きな規模で生ぜしめる。

さしあたり自明なのは、生産的資本のうち機械および原料に転態される部分の増大は、資本のうち労賃にあてられる部分の同様な増大を伴わない、ということである。この場合〔伴う場合〕には、機械使用および分業拡大の目的はとても達成されないであろう。だから自明なことだが、生産的資本のうち労賃にあてられる部分は、機械および原料にあてられる部分と同じ程度には増大しない。それだけではない。生産的資本、すなわち、資本としての資本の力が増大するのと同じ程度で、原料および機械に投下される資本と労賃に投ぜられる資本との間の、不均衡が増大する。すなわち、生産的資本のうち労賃にあてられる部分は、資本のうち機械および原料として作用する部分にくらべて、ますます小さくなる。

資本家がより大きな資本を機械に投下した以上は、彼は、より大きな資本を、原料の購入、および、機械の運転に必要な補助材料[1]の購入にふり向けざるをえない。だが、彼が以前に百人の労働者を使用したとすれば、今やおそらく五十人しか必要としないであろう。さもなければ彼は、資本の他の部分をさらに倍にせねばならず、不均衡をさらに大ならしめねばならぬであろう。だから彼は五十人を解雇するか、さもなければ、百人が以前の五十人と同じ価格で労働せねばならない。だから市場には過剰労働者が見出される。

(1) 原文では「原料」となっている。——編集者。

分業が変化した場合には、原料のための資本だけが増加されねばならぬであろう。三人の労働者の代りに、おそらく一人の労働者が現われるであろう。

だが、最も有利な場合を仮定しよう。資本家は自分の企業を拡張し、かくして彼は、その従来の数の労働者を雇っておくことが出来るばかりでなく、——そして、彼がそうすることが出来るまでいくら待っても、彼はもちろん、ちっとも困るわけではない、——むしろ、労働者をさらに増加しさえするものとしよう。その場合には、同じ数の労働者を雇っておくため、または労働者をさらに増加しうるためには、生産が途方もなく増加されねばならぬであろう。しかも、生産諸力にくらべての労働者数の割合は、相対的に無限により不均衡になっている。過剰生産がそれによって促進され、そして次ぎの恐慌に際しては、かつてよりも多くの労働者が失業している。

だから、生産諸力の増大につれて、生産的資本のうち機械および原料に転形される部分、すなわち資本としての資本は、労賃にあてられる部分にくらべて不均衡に増大するということは、資本と労働との関係の本性から必然的に生ずる一般的法則である。すなわち、換言すれば、労働者たちは生産的資本の総量にくらべて、それのますます小さな部分を分けあわねばならない。だから、彼らの競争はますます激しくなる。換言すれば、生産的資本が増加すればするほど、それに比例して、労働者のための雇傭=または生活手段がますます減少する。換言すれば、労働人口が彼らの雇傭手段にくらべてますます急速に増加する。しかもこの状態は、生産的資本一般が増加するのと同じ割合で進んでゆく。

前述の不均衡を解決するためには、生産的資本が幾何級数的に増大されねばならぬ。そして、のちに恐慌時にそれを再調整するためには、それはさらに一そう増大されるのである。

純粋に労働者と資本との関係から生じ、したがって、生産的資本の急速な増大という労働者にとって最も有利な状態をさえも不利な状態たらしめるこの法則をば、ブルジョアたちは、人口は自然法則にしたがい雇傭＝または生活手段よりも急速に増大すると語ることにより、社会的法則から自然法則に転化させた。

彼らは、生産的資本の増大のうちにこの矛盾の増大が含まれていることを理解しなかった。われわれはのちにこの点にたち帰るであろう。

生産力、ことに労働者たち自身の社会的力は、彼らに報いないで、むしろ彼らに反逆する。

（c）第一の馬鹿らしさ。

われわれがすでに見たように、生産的資本が増大する場合——経済学者たちが前提する最も有利な場合——にも、つまり労働にたいする需要が相対的に増大する場合にも、労働者のための雇傭手段は同じ割合では増大しないということ、生産的資本を増大させる同じ諸事情は労働の供給と需要との不均衡をさらに一そう急速に増大させるということ、一言でいえば、生産諸力の増大は同時に労働者とその雇傭手段との不均衡を増大させるということは、近代的産業の性格および資本の本性のうちに横たわっているのである。このことは、生活手段の増加にも、人口そのものの増加にも、依存してはいない。このことは、大産業の本性、および、労働と資本との関係から必然的に生ずる。

だが、生産的資本の増大が徐々にしか行われないならば、それが停滞したままであるかむしろ減少するならば、労働者数はつねに、労働にたいする需要にくらべて大きすぎる。どちらの場合にも、最も有利な場合にも最も不利な場合にも、労働と資本との関係からして、資本そのものの本性からして、労働者の供給はつねに労働にたいする需要にくらべて大きすぎるだろう、ということが生ずる。

(d) 全労働者階級が子供を作らない決心など出来はしないという背理を度外視しても、反対に、彼らの状態は性的衝動を主要享楽たらしめ、それを一方的に発展させる。

ブルジョアジーは、労働者の生活を最低限に圧下したのち、彼らはさらに、労働者の再生産数をも最低限に制限しようと欲する。

(e) ともあれ、ブルジョアジーのかかる極り文句や忠告がいかに不真面目であるかは、次ぎのことから分かる。

第一に、近代的産業は、大人を子供によって駆逐することにより、子供を作ることに真の奨励金を与えている。

第二に、大産業はたえず、過剰生産時代のための失業労働者の予備軍を必要とする。労働者にたいするブルジョアの主要目的は、概していえば、労働商品をできるだけ安く手に入れることであって、このことは、この商品の供給がその需要に比較してできるだけ大きい場合、すなわち、できるだけ多くの過剰人口がある場合に、はじめて可能である。

だから過剰人口はブルジョアジーの利益であって、彼らは労働者にたいし、実行不可能なことを自ら知っている良い忠告を与えるのである。

(f) 資本は、それが労働者を雇傭する場合にのみ自らを増殖するのだから、資本の増殖はプロレタリアートの増加を含んでいるのであって、すでにわれわれが見たように、資本と労働との関係の本性にしたがい、プロレタリアートの増加は相対的に一そうより迅速に行われねばならぬ。

(g) ところで、上述の理論——すなわち、人口は生活手段よりも急速に増大するというふうに自然法則として表現されがちな理論は、ブルジョアに甚だ歓迎されるのであるが、それはけだし、この理論がブルジョアの良心の呵責(かしゃく)を静め、彼にたいし冷酷を道徳的義務たらしめ、社会の結果を自然の結果たらしめ、そして最後に彼にたいし、饑餓によるプロレタリアートの破滅を他の自然的出来事と同じように心を動かされることなく平気で傍観し、他方では、プロレタリアートの窮乏を彼ら自身の罪として見かつ非難する機会を与えるからである。たしかにプロレタリアは、自然的本能を理性によって制御し、かくして道徳的統御により自然法則の有害な発展経過を阻止することができるのだ。

（h）この理論の適用として、救貧法が考察されうる。鼠の駆除。猫いらず。Workhouses（救貧授産場）。被救恤（きゅうじゅつ）的窮乏一般。ふたたび文明の内部での足踏み車。野蛮がふたたび現われる、といっても、文明そのものの胎内から生れ、文明そのものに依存して。だから、象皮病的野蛮、文明の象皮病としての野蛮。救貧授産場は労働者の牢獄（バスチーユ）だ。夫婦の別離。

四、いやわれわれは、労賃の別な決定によって労働者の状態を改善しようと欲する人々について簡単に語ろう。

プルードン。(1)*

（1） マルクスは、彼がここでは暗示しているにとどまるプルードンのかかる提案の批判を、すでに一八四七年に彼の著述『哲学の貧困』で与えている。プルードンは、資本制的搾取の根源を、諸商品はそれらの価値では交換されないで、利子という追加額を伴って交換されるに違いない、という点に見た。この利子を廃棄するために、彼は、すべての商品をそれらの「労働によって」決定される価値でのみ交換する(「交換銀行」の助力で)ことを提案し、その場合には同時に労働者も「労働の価値を賃銀として受取る」であろう、という。「等しい労働量で、一方の者の生産物が他方の者の生産物と交換される。すべての人間が賃労働者であり、しかも等しい労働時間にたいし等しく支払われる。完全な平等が交換を支配する」と、かようにマルクスはプルードンの提案を特徴づけている。だが実は、――マルクスはいう――「労働時間による価値の決定、すなわち、将来を更新させるべき範式としてプルードン氏がわれわれに提示する範式は、リカードがプルードン氏よりもずっと前に明瞭に証明しているように、現在の社会の経済的諸関係の科学的表現に他ならない」と。

「労賃の別な決定」、すなわち、労働者は「労働の価値」を賃銀として受取るべきだという提案にかんしていえば、マルクスは、プルードンが二つの全く異なるものを、すなわち、労働者によって生産された商品の価値――その生産に社会的に必要な労働時間によって決定される――と、「労働」すなわち労働力の「価値」――労働者の生活手段の生産に必要な労働時間によって決定される――とを、混同していることを明らかにしている。プルードンが要求する労働力の価値に従っての労働者の賃銀支払は、けっして利潤(剰余価値)を除去しはしない。けだし利潤なるものは、労働者により生産物に新たに付加された価値のうち、資本家が労働者に支払う彼の労働力の価値を差引いた余分だからである。「かくして、労働時間によって測定される価値は、プルードンが主張するようにプロレタリアート解放の「革命的理論」ではなくて、必然的に、労働者の近代的奴隷状態の範式である」（マルクス）。実は、プルードン——彼は労働組合を呪詛し、ストライキを呪詛している——は反動的な小ブルジョアの見解を代表しているのだ。利子生み資本（貸付資本）を資本の主要形態とみなし、利子の外見的廃棄を社会改造の基礎たらしめようと欲することは、——マルクスが一八六五年一月二十四日付の『社会民主主義者』あての手紙でいっているように——まったく俗物的な幻想である。——編集者。

* プルードン（一八〇九—六五年）はフランスの反動的・小ブルジョア的な社会主義者で、無政府主義の理論的建設者の一人である。——訳者。

五、最後に、博愛主義的経済学者たちが労賃について述べたことのうち、なお一つの意見に言及しておかねばならぬ。

（a）他の経済学者たちのうちで、ことにロッシは次ぎのような説明をしている。工場主は労働者に、生産物における彼の分前だけを前払してやる、というのは、労働者は生産物が売れるまで待つことができぬからである。もし労働者自身が、生産物の売れるまで暮してゆくことができるならば、彼が「仲間」として後に生産物における自分の分前を主張することは、本来の資本家と産業資本家との間におけると同じことであろう。だから、労働者の分前がまさに賃銀の形態をとるということは偶然であって、それは、一つの思惑の、一つの特殊な行為――これは生産過程のかたわらで付随的に行われるのであって、生産過程の必然的な構成要素ではない――の、結果である。賃銀は、われわれの社会状態の偶然的な一形態に他ならない。それは必然的には資本に属さない。それは生産に必要欠くべからざる事実ではない。それは他の社会組織においては消滅しうる。

（b）この思いつき全体は次ぎのことに帰着する。もし労働者たちが、直接に彼らの労働力を売って生活するを要しないだけ十分に蓄積された労働、すなわち十分な資本を所有するならば、賃銀の形態はなくなるであろう。というのは、すべての労働者が同時に資本家であるならばであり、つまり資本が、賃労働の対立なしに――それなしには資本は実存しえないのだが――前提され維持されるならばである。

（c）にもかかわらず、この告白はまんざら馬鹿にしたものでもない。賃銀はブルジョア的生産の偶然的な形態ではないが、しかし全ブルジョア的生産は生産の一時的な歴史的一形態である。その一切の諸関係、資本や賃銀や地代などは一時的なものであり、発展の一定点において廃止されうるものである。

第七節　労働組合

人口論における一契機は、それが労働者間の競争を減少させようとすることであった。労働組合はこの競争を止揚し、それに代えるに労働者間の結合を以てしようとする目的をもっている。

経済学者たちの次ぎのような組合反対論は正しい。

(一)　組合が労働者たちに負担させる費用は、たいてい、それが獲得しようとする利益よりも大きい。組合は継続的には競争の諸法則に反抗しえない。かかる団結は、新たな機械、新たな分業、ある生産場所から他の生産場所への移転を生ぜしめる。これら一切のことの結果は、労賃の減少である。

(二) 団結により一国で労働価格を高めることができて、そのために利潤が他の諸国における平均利潤にくらべて著しく低下するとか、資本の増大が阻止されるとかいうほどになれば、その結果は、産業の停滞および後退であり、労働者たちは彼らの主人と共だおれするであろう。けだし、われわれがすでに見たように、それが労働者の状態なのだから。労働者の状態は、生産的資本が増大する場合には飛躍的に悪化する。そして彼は、生産的資本が減少するか停滞したままでいる場合には、最初から没落しているのである。

(三) ブルジョア的経済学者たちのこれら一切の異論は、すでに述べたように正しいには正しいが、しかし彼らの見地からしてのみ正しいのである。もし労働組合における現実の問題が、ただ、問題らしく見えること、すなわち労賃の決定だけであって、労働と資本との関係は永遠的なものだとすれば、これらの団結は必然的に成功しないで挫折するであろう。だが、労働組合は、労働者階級の結合の手段であり、階級対立をともなう旧来の全社会の転覆のための準備手段である。そしてこの立場からすれば、この内乱により労働者たちが戦死者や負傷者や金銭においてどれだけの犠牲を要するかを彼らのまえで計算して見せる賢明なブルジョア的学校教師たちのことを、労働者たちが嘲笑するのは当然である。敵を撃破しようとする者は、敵との戦闘の費用を論議しないであろう。そして、労働者たちの胆っ玉が小さくないことは、最もよく支払われている労働者たちが大抵の組合を作るのだということ、および、労働者たちはその賃銀から節約しうるすべてを政治的および産業的な組合の結成やこの運動の費用の支出にあてるのだということが、経済学者たち自身に証明する。そしてもし、イカサマ博愛家たるブルジョア諸公や彼らの経済学者たちが、労賃すなわち生活の最小限中に幾らかの茶やラム酒や砂糖や肉を含ませるほど慈悲ぶかいとすれば、彼らにとっては、労働者たちがこの最小限中にブルジョアジーにたいする僅かばかりの戦費を算入すること、および、彼らがその革命的行動を事もあろうに彼らの生活享楽の最大限たらしめることは、むしろ破廉恥な、理解できないことと思われるに違いない。

賃労働と資本（ちんろうどう と しほん）　カール・マルクス著

定価はカバーに表示してあります

1835年6月21日　第1刷発行
1981年7月16日　第46刷改版発行
1993年2月5日　第65刷発行

訳　者　長谷部文雄（はせべふみお）

発行者　安江良介

発行所　株式会社 岩波書店
〒101-02 東京都千代田区一ツ橋 2-5-5

電　話　案内 03-5210-4000　営業部 03-5210-4111
文庫編集部 03-5210-4051

印刷・精興社　製本・永井製本

ISBN 4-00-341246-X　　Printed in Japan

読書子に寄す

――岩波文庫発刊に際して――

岩 波 茂 雄

真理は万人によって求められることを自ら欲し、芸術は万人によって愛されることを自ら望む。かつては民を愚昧ならしめるために学芸が最も狭き堂宇に閉鎖されたことがあった。今や知識と美とを特権階級の独占より奪い返すことはつねに進取的なる民衆の切実なる要求である。岩波文庫はこの要求に応じそれに励まされて生まれた。それは生命ある不朽の書を少数者の書斎と研究室とより解放して街頭にくまなく立たしめ民衆に伍せしめるであろう。近時大量生産予約出版の流行を見る。その広告宣伝の狂態はしばらくおくも、後代にのこすと誇称する全集がその編集に万全の用意をなしたるか。千古の典籍の翻訳企図に敬虔の態度を欠かざりしか。さらに分売を許さず読者を繋縛して数十冊を強うるがごとき、はたしてその揚言する学芸解放のゆえんなりや。吾人は天下の名士の声に和してこれを推挙するに躊躇するものである。このときにあたって、岩波書店は自己の責務のいよいよ重大なるを思い、従来の方針の徹底を期するため、すでに十数年以前より志して来た計画を慎重審議この際断然実行することにした。吾人は範をかのレクラム文庫にとり、古今東西にわたって文芸・哲学・社会科学・自然科学等種類のいかんを問わず、いやしくも万人の必読すべき真に古典的価値ある書をきわめて簡易なる形式において逐次刊行し、あらゆる人間に須要なる生活向上の資料、生活批判の原理を提供せんと欲する。この文庫は予約出版の方法を排したるがゆえに、読者は自己の欲する時に自己の欲する書物を各個に自由に選択することができる。携帯に便にして価格の低きを最主とするがゆえに、外観を顧みざるも内容に至っては厳選最も力を尽くし、従来の岩波出版物の特色をますます発揮せしめようとする。この計画たるや世間の一時の投機的なるものと異なり、永遠の事業として吾人は微力を傾倒し、あらゆる犠牲を忍んで今後永久に継続発展せしめ、もって文庫の使命を遺憾なく果たさしめることを期する。芸術を愛し知識を求むる士の自ら進んでこの挙に参加し、希望と忠言とを寄せられることは吾人の熱望するところである。その性質上経済的には最も困難多きこの事業にあえて当たらんとする吾人の志を諒として、その達成のため世の読書子とのうるわしき共同を期待する。

昭和二年七月

《日本文学古典》

☆古事記　倉野憲司校注
☆新訓 新訂 万葉集 全二冊　佐佐木信綱編
古語拾遺　斎部広成撰 西宮一民校注
竹取物語　阪倉篤義校訂
伊勢物語　大津有一校注
☆古今和歌集　佐伯梅友校注
土左日記　紀貫之 鈴木知太郎校注
枕草子　池田亀鑑校訂
和泉式部集　清水文雄校注
和泉式部続集　清水文雄校注
和泉式部日記　清水文雄校注
源氏物語 全六冊　山岸徳平校注
紫式部日記　池田亀鑑 秋山虔校注
紫式部集　南波浩校注
更級日記　西下経一校注
大鏡　松村博司校注

新訂 梁塵秘抄　佐佐木信綱校訂
千載和歌集　久保田淳校注
新訂 山家集　佐佐木信綱校訂
新訂 新古今和歌集　佐佐木信綱校訂
☆新訂 方丈記　市古貞次校注
建礼門院右京大夫集　久松潜一 久保田淳校注
☆新訂 徒然草　西尾実 安良岡康作校注
☆新訂 閑吟集　浅野建二校注
御伽草子 全二冊　市古貞次校注
中世なぞなぞ集　鈴木棠三編
色道諸分 難波鉦（なにわどら）―遊女評判記　酉水庵無底居士 中野三敏校注
☆芭蕉紀行文集　中村俊定校注
☆芭蕉 おくのほそ道　萩原恭男校注
芭蕉俳句集　中村俊定校注
☆芭蕉七部集　中村俊定校注
芭蕉連句集　中村俊定 萩原恭男校注

好色一代男　井原西鶴 横山重校訂
好色五人女　井原西鶴 東明雅校註
好色一代女　井原西鶴 横山重校訂
日本永代蔵　井原西鶴 東明雅校訂
曾根崎心中 冥途の飛脚 他五篇　近松門左衛門 祐田善雄校注
☆蕪村俳句集 ―付「春風馬堤曲」他二篇　尾形仂校注
うひ山ぶみ 鈴屋答問録　本居宣長 村岡典嗣校訂
☆北越雪譜　鈴木牧之 岡田武松校訂
東海道中膝栗毛 全二冊　十返舎一九 麻生磯次校注
☆新訂 一茶俳句集　丸山一彦校注
一茶 父の終焉日記 おらが春 他一篇　矢羽勝幸校注
山家鳥虫歌 ―近世諸国民謡集　浅野建二校注
南総里見八犬伝 全十冊　曲亭馬琴 小池藤五郎校訂
元禄期 軽口本集 ―近世笑話集（上）　武藤禎夫校注
安永期 小咄本集 ―近世笑話集（中）　武藤禎夫校注
化政期 落語本集 ―近世笑話集（下）　武藤禎夫校注

☆印の書目には、文庫版のほかに活字の大きいワイド版〔B6判、並製・カバー〕もあります

- 江戸怪談集 全三冊　高田衛編・校注
- 耳嚢（みみぶくろ） 全三冊　根岸鎮衛／長谷川強校注
- 百人一首一夕話 全二冊　尾崎雅嘉／古川久校訂
- こぶとり爺さん・かちかち山　関敬吾編
- 桃太郎・舌きり雀・花さか爺　関敬吾編
- 一寸法師・さるかに合戦・浦島太郎　関敬吾編
- わらべうた　町田嘉章・浅野建二編
- 日本民謡集　町田嘉章・浅野建二編

《日本思想》

- ☆風姿花伝（花伝書）　世阿弥／野上・西尾校訂
- 南方録　西山松之助校注
- ☆五輪書　宮本武蔵／渡辺一郎校注
- 兵法家伝書 —付新陰流兵法目録事　柳生宗矩／渡辺一郎校注
- 長崎版どちりなきりしたん　海老沢有道校註
- ☆養生訓・和俗童子訓　貝原益軒／石川謙校訂
- 葉隠 全三冊　和辻哲郎・古川哲史校訂
- ☆うひ山ふみ・鈴屋答問録　本居宣長／村岡典嗣校訂
- ☆新訂日暮硯　笠谷和比古校注
- 蘭学事始　杉田玄白／緒方富雄校註
- 西郷南洲遺訓　山田済斎編
- 新訂海舟座談　巌本善治編／勝部真長校注
- 特命全権大使米欧回覧実記 全五冊　久米邦武編／田中彰校注
- 文明論之概略　福沢諭吉
- ☆新訂福翁自伝　福沢諭吉／富田正文校訂
- 学問のすゝめ　福沢諭吉
- 福沢諭吉教育論集　山住正己編
- 三酔人経綸問答　中江兆民／桑原・島田訳校注
- 余は如何にして基督信徒となりし乎　内村鑑三／鈴木俊郎訳
- 代表的日本人　内村鑑三／鈴木俊郎訳
- ☆後世への最大遺物・デンマルク国の話　内村鑑三
- ☆茶の本　岡倉覚三／村岡博訳
- ☆武士道　新渡戸稲造／矢内原忠雄訳
- 吉田松陰　徳富蘇峰
- 新編歴史と人物　三浦周行／林屋辰三郎・朝尾直弘編
- 国史上の社会問題　三浦周行
- 最暗黒の東京　松原岩五郎
- 日本の下層社会　横山源之助
- ☆善の研究　西田幾多郎
- 遠野物語・山の人生　柳田国男
- 海上の道　柳田国男
- 田沼時代　辻善之助
- 貧乏物語　河上肇／大内兵衛解題
- 大津事件 —ロシア皇太子大津遭難　尾佐竹猛／三谷太一郎校注
- 古代国語の音韻に就いて 他二篇　橋本進吉
- ☆石橋湛山評論集　松尾尊兊編
- 自叙伝・日本脱出記　大杉栄／飛鳥井雅道校訂
- 臨済・荘子　前田利鎌
- 華国風味　青木正児

☆印の書目には、文庫版のほかに活字の大きいワイド版〔B6判、並製・カバー〕もあります

日本の民家　今和次郎
☆「いき」の構造 他二篇　九鬼周造
九鬼周造随筆集　菅野昭正編
☆古寺巡礼　和辻哲郎
☆風土　和辻哲郎
孔子　和辻哲郎
鎖国 全二冊　和辻哲郎
イタリア古寺巡礼　和辻哲郎
民藝四十年　柳宗悦
手仕事の日本　柳宗悦
工藝文化　柳宗悦
☆南無阿弥陀仏 付心偈　柳宗悦
柳宗悦茶道論集　熊倉功夫編
柳宗悦妙好人論集　寿岳文章編
歌集 形相（けいそう）　南原繁
幸福論　三谷隆正

フランス・ルネサンスの人々　渡辺一夫
平塚らいてう評論集　小林登美枝・米田佐代子編
『青鞜』女性解放論集　堀場清子編
古典学入門　池田亀鑑
中世の文学伝統　風巻景次郎
武家の女性　山川菊栄
覚書 幕末の水戸藩　山川菊栄
わが住む村　山川菊栄
山川菊栄評論集　鈴木裕子編
林達夫評論集　中川久定編
女工哀史　細井和喜蔵
君たちはどう生きるか　吉野源三郎
初版 日本資本主義発達史 全二冊　野呂栄太郎
阮籍の「詠懐詩」について ―付・阮籍伝　吉川幸次郎
中国文学における孤独感　斯波六郎
暗黒日記 ―一九四二～一九四五　清沢洌 山本義彦編

きけわだつみのこえ ―日本戦没学生の手記　日本戦没学生記念会編
第二集 きけわだつみのこえ ―日本戦没学生の手記　日本戦没学生記念会編
原爆の子 ―広島の少年少女のうったえ 全二冊　長田新編
忘れられた日本人　宮本常一
家郷の訓　宮本常一
イスラーム文化 ―その根柢にあるもの　井筒俊彦
意識と本質 ―精神的東洋を索めて　井筒俊彦
極光のかげに ―シベリア俘虜記　高杉一郎

☆印の書目には、文庫版のほかに活字の大きいワイド版〔B6判、並製・カバー〕もあります

《現代日本文学》

怪談 牡丹燈籠	三遊亭円朝
ウィタ・セクスアリス	森鷗外
青年	森鷗外
雁	森鷗外
阿部一族 他二篇	森鷗外
山椒大夫・高瀬舟 他四篇	森鷗外
舞姫・うたかたの記 他三篇	森鷗外
浮雲	二葉亭四迷
野菊の墓 他四篇	伊藤左千夫
左千夫歌集	土屋文明・山本英吉選
吾輩は猫である	夏目漱石
倫敦塔・幻影の盾 他五篇	夏目漱石
坊っちゃん	夏目漱石
夢十夜 他二篇	夏目漱石
草枕	夏目漱石
虞美人草	夏目漱石
三四郎	夏目漱石
それから	夏目漱石
彼岸過迄	夏目漱石
門	夏目漱石
行人	夏目漱石
こころ	夏目漱石
道草	夏目漱石
思い出す事など 他七篇	夏目漱石
硝子戸の中	夏目漱石
明暗	夏目漱石
漱石文明論集	三好行雄編
漱石文芸論集	磯田光一編
漱石日記	平岡敏夫編
漱石書簡集	三好行雄編
漱石俳句集	坪内稔典編
歌よみに与ふる書	正岡子規
俳諧大要	正岡子規
墨汁一滴	正岡子規
病牀六尺	正岡子規
☆仰臥漫録	正岡子規
子規歌集	土屋文明編
五重塔	幸田露伴
連環記 他一篇	幸田露伴
幻談・観画談 他三篇	幸田露伴
北村透谷選集	勝本清一郎校訂
小説 不如帰	徳冨蘆花
自然と人生	徳冨蘆花
滝口入道	高山樗牛
晩翠詩抄	土井晩翠
武蔵野	国木田独歩
あらくれ	徳田秋声

☆印の書目には、文庫版のほかに活字の大きいワイド版〔B6判、並製・カバー〕もあります

☆印の書目には、文庫版のほかに活字の大きいワイド版〔B6判、並製・カバー〕もあります

蒲団・一兵卒	田山花袋
田舎教師	田山花袋
東京の三十年	田山花袋
にごりえ・たけくらべ	樋口一葉
大つごもり・十三夜 他五篇	樋口一葉
藤村詩抄	島崎藤村自選
破戒	島崎藤村
千曲川のスケッチ	島崎藤村
夜明け前 全四冊	島崎藤村
藤村文明論集	十川信介編
外科室・海城発電 他五篇	泉鏡花
高野聖・眉かくしの霊	泉鏡花
歌行燈	泉鏡花
夜叉ケ池・天守物語	泉鏡花
草迷宮	泉鏡花
春昼・春昼後刻	泉鏡花

鏡花短篇集	川村二郎編
日本橋	泉鏡花
上田敏全訳詩集	山内義雄・矢野峰人編
☆俳句はかく解しかく味う	高浜虚子
カインの末裔・クララの出家	有島武郎
小さき者へ・生まれいずる悩み	有島武郎
一房の葡萄 他四篇	有島武郎
寺田寅彦随筆集 全五冊	小宮豊隆編
元禄忠臣蔵 全二冊	真山青果
与謝野晶子歌集	与謝野晶子自選
与謝野晶子評論集	鹿野政直・香内信子編
鏑木清方随筆集 —東京の四季	山田肇編
随筆集 明治の東京	鏑木清方 山田肇編
腕くらべ	永井荷風
つゆのあとさき	永井荷風
濹東綺譚	永井荷風

すみだ川・新橋夜話 他一篇	永井荷風
雨瀟瀟・雪解 他七篇	永井荷風
☆摘録 断腸亭日乗 全二冊	永井荷風 磯田光一編
荷風随筆集 全二冊	野口冨士男編
珊瑚集 —仏蘭西近代抒情詩選	永井荷風訳
土	長塚節
高村光太郎詩集	高村光太郎
赤光（しゃっこう）	斎藤茂吉
☆斎藤茂吉歌集	山口茂吉・柴生田稔・佐藤佐太郎編
斎藤茂吉歌論集	柴生田稔編
小僧の神様 他十篇	志賀直哉
暗夜行路 全二冊	志賀直哉
海神丸	野上弥生子
友情	武者小路実篤
白秋抒情詩集	北原白秋
☆銀の匙	中勘助

犬 他一篇	中 勘 助
提婆達多	中 勘 助
中勘助随筆集	渡辺外喜三郎編
中勘助詩集	谷川俊太郎編
若山牧水歌集	若山喜志子選
啄木歌集	石川啄木
啄木詩集	大岡信編
啄木・ローマ字日記	桑原武夫編訳
萩原朔太郎詩集	三好達治選
郷愁の詩人与謝蕪村	萩原朔太郎
蓼喰う虫	谷崎潤一郎 小出楢重画
吉野葛・蘆刈	谷崎潤一郎
谷崎潤一郎随筆集	篠田一士編
小出楢重随筆集	芳賀徹編
或る少女の死まで 他二篇	室生犀星
室生犀星詩集	室生犀星自選
犀星王朝小品集	室生犀星
土屋文明歌集	土屋文明自選
出家とその弟子	倉田百三
羅生門・鼻・芋粥・偸盗	芥川竜之介
地獄変・邪宗門・好色・藪の中 他七篇	芥川竜之介
蜘蛛の糸・杜子春・トロッコ 他十七篇	芥川竜之介
大導寺信輔の半生・手巾・湖南の扇 他十二篇	芥川竜之介
或日の大石内蔵之助・枯野抄 他十二篇	芥川竜之介
奉教人の死・煙草と悪魔 他十一篇	芥川竜之介
河童 他二篇	芥川竜之介
侏儒の言葉	芥川竜之介
歯車 他二篇	芥川竜之介
芭蕉雑記・西方の人 他七篇	芥川竜之介
春夫詩抄	佐藤春夫
海に生くる人々	葉山嘉樹
冥途・旅順入城式	内田百閒
東京日記 他六篇	内田百閒
宮沢賢治詩集	谷川徹三編
童話集 風の又三郎 他十八篇	宮沢賢治 谷川徹三編
童話集 銀河鉄道の夜 他十四篇	宮沢賢治 谷川徹三編
ゼーロン・淡雪 他十一篇	牧野信一
日輪・春は馬車に乗って 他八篇	横光利一
山椒魚・遥拝隊長 他七篇	井伏鱒二
川釣り	井伏鱒二
伊豆の踊り子・温泉宿 他四篇	川端康成
雪国	川端康成
三好達治詩集	桑原武夫 大槻鉄男選
三好達治随筆集	中野孝次編
詩を読む人のために	三好達治
中野重治詩集	中野重治
中谷宇吉郎随筆集	樋口敬二編
檸檬(レモン)・冬の日 他九篇	梶井基次郎

☆印の書目には、文庫版のほかに活字の大きいワイド版〔B6判、並製・カバー〕もあります

《東洋文学》

- ☆陶淵明全集 全二冊　松枝茂夫・和田武司訳注
- 杜甫詩選　黒川洋一編
- 蘇東坡詩選　小川環樹・山本和義選訳
- ☆唐詩選 全三冊　前野直彬注解
- ☆中国名詩選 全三冊　松枝茂夫編
- 遊仙窟　張文成　今村与志雄訳
- 唐宋伝奇集 全二冊　今村与志雄訳
- 完訳三国志 全八冊　小川環樹・金田純一郎訳
- 水滸伝 全十三冊　吉川幸次郎・清水茂訳
- 紅楼夢 全十二冊　曹雪芹　高蘭墅補　松枝茂夫訳
- 西遊記 全十冊(七以下未刊)　小野忍・中野美代子訳
- 浮生六記　沈復　松枝茂夫訳
- ☆菜根譚　今井宇三郎訳注
- 陶庵夢憶　張岱　松枝茂夫訳
- 阿Q正伝・狂人日記 他十二篇　魯迅　竹内好訳
- 魯迅評論集　竹内好編訳
- 駱駝祥子 ―らくだのシアンツ　老舎　立間祥介訳
- 家 全二冊　巴金　飯塚朗訳
- 結婚狂詩曲(囲城) 全二冊　銭鍾書　荒井健・中島長文・中島みどり訳
- リグ・ヴェーダ讃歌　辻直四郎訳
- マハーバーラタ ナラ王物語 ―ダマヤンティー姫の数奇な生涯　鎧淳訳
- 公女マーラヴィカーとアグニミトラ王 他一篇　カーリダーサ　大地原豊訳
- タゴール詩集　渡辺照宏訳
- 朝鮮童謡選　金素雲訳編
- 朝鮮民謡選　金素雲訳編
- 朝鮮短篇小説選 全二冊　大村益夫・長璋吉・三枝壽勝編訳
- アイヌ神謡集　知里幸恵編訳

《ギリシア・ラテン文学》

- オデュッセイア 全二冊　ホメーロス　呉茂一訳
- 四つのギリシャ神話 ―『ホメーロス讃歌』より　逸身喜一郎・片山英男訳
- ヘシオドス 神統記　廣川洋一訳
- イソップ寓話集　山本光雄訳
- アイスキュロス 縛られたプロメーテウス　呉茂一訳
- アンティゴネー　ソポクレース　呉茂一訳
- ソポクレス オイディプス王　藤沢令夫訳
- ソポクレス コロノスのオイディプス　高津春繁訳
- アポロドーロス ギリシア神話　高津春繁訳
- ダフニスとクロエー　ロンゴス　松平千秋訳
- オウィディウス 変身物語 全二冊　中村善也訳
- サテュリコン　ペトロニウス　国原吉之助訳
- ギリシア奇談集　アイリアノス　松平・中務訳
- ギリシア・ローマ抒情詩選 ―花冠　呉茂一訳
- ☆ギリシア・ローマ神話　ブルフィンチ　野上弥生子訳
- ギリシア・ローマ古典文学案内　高津春繁・斎藤忍随

《イギリス文学》

- 中世イギリス英雄叙事詩 ベーオウルフ　忍足欣四郎訳
- ユートピア　トマス・モア　平井正穂訳

☆印の書目には、文庫版のほかに活字の大きいワイド版〔B6判、並製・カバー〕もあります

ベーコン随想集	渡辺義雄訳
ロミオとジューリエット	シェイクスピア 平井正穂訳
ハムレット	シェイクスピア 市河・松浦訳
十二夜	シェイクスピア 小津次郎訳
お気に召すまま	シェイクスピア 阿部知二訳
ジュリアス・シーザー	シェイクスピア 中野好夫訳
ヴェニスの商人	シェイクスピア 中野好夫訳
オセロウ	シェイクスピア 菅泰男訳
リア王	シェイクスピア 斎藤勇訳
マクベス	シェイクスピア 野上豊一郎訳
あらし	シェイクスピア 豊田実訳
ソネット集	シェイクスピア 高松雄一訳
失楽園 全二冊	ミルトン 平井正穂訳
ロビンソン・クルーソー 全二冊	デフォー 平井正穂訳
ガリヴァー旅行記	スウィフト 平井正穂訳
悪口学校	シェリダン 菅泰男訳

ワーズワース詩集	田部重治選訳
アイヴァンホー 全二冊	スコット 菊池武一訳
コウルリヂ詩選	斎藤勇 大和資雄訳
高慢と偏見 全二冊	オースティン 富田彬訳
イノック・アーデン	テニスン 入江直祐訳
オリヴァ・ツウィスト 全二冊	ディケンズ 本多季子訳
ディケンズ短篇集	小池滋 石塚裕子訳
ジェイン・エア 全二冊	シャーロット・ブロンテ 遠藤寿子訳
嵐が丘 全二冊	エミリ・ブロンテ 阿部知二訳
サイラス・マーナー	G・エリオット 土井治訳
テス 全二冊	ハーディ 井上・石田訳
緑の館 —熱帯林のロマンス	ハドソン 柏倉俊三訳
宝島	スティーヴンスン 阿部知二訳
ジーキル博士とハイド氏	スティーヴンスン 岩田良吉訳
心 —日本の内面生活の暗示と影響	ラフカディオ・ハーン 平井呈一訳
怪談 —不思議なことの物語と研究	ラフカディオ・ハーン 平井呈一訳

ドリアン・グレイの画像	ワイルド 西村孝次訳
サロメ	ワイルド 福田恆存訳
☆ヘンリ・ライクロフトの私記	ギッシング 平井正穂訳
闇の奥	コンラッド 中野好夫訳
密偵	コンラッド 土岐恒二訳
タイム・マシン 他九篇	H・G・ウェルズ 橋本槇矩訳
りんごの木 人生の小春日和	ゴールズワージー 河野一郎訳
サキ傑作集	河田智雄訳
月と六ペンス	モーム 阿部知二訳
ロレンス短篇集	河野一郎編訳
マンスフィールド短篇集 幸福・園遊会 他十七篇	崎山正毅 伊澤龍雄訳
文芸批評論	T・S・エリオット 矢本貞幹訳
恋愛対位法 全二冊	ハックスリ 朱牟田夏雄訳
オーウェル評論集	小野寺健編訳
パリ・ロンドン放浪記	ジョージ・オーウェル 小野寺健訳
大転落	イーヴリン・ウォー 富山太佳夫訳

☆印の書目には、文庫版のほかに活字の大きいワイド版〔B6判、並製・カバー〕もあります

緋文字　ホーソン　佐藤清訳
黒猫・モルグ街の殺人事件 他五篇　ポオ　中野好夫訳
☆森の生活（ウォールデン）全二冊　ソーロー　神吉三郎訳
草の葉 ホイットマン詩集 全三冊　杉木喬・鍋島能弘・酒本雅之訳
白鯨 全三冊　メルヴィル　阿部知二訳
幽霊船 他一篇　メルヴィル　坂下昇訳
ハックルベリー・フィンの冒険 全二冊　マーク・トウェイン　西田実訳
王子と乞食　マーク・トウェイン　村岡花子訳
バック・ファンショーの葬式 他十三篇　マーク・トウェイン　坂下昇訳
不思議な少年　マーク・トウェイン　中野好夫訳
人間とは何か　マーク・トウェイン　中野好夫訳
いのちの半ばに　ビアス　西川正身訳
☆オー・ヘンリー傑作選　大津栄一郎訳
荒野の呼び声　ジャック・ロンドン　岩田欣三訳
あしながおじさん　ジーン・ウェブスター　遠藤寿子訳
フィッツジェラルド短篇集　佐伯泰樹編訳

日はまた昇る　ヘミングウェイ　谷口陸男訳
武器よさらば 全二冊　ヘミングウェイ　谷口陸男訳
ヘミングウェイ短篇集 全二冊　谷口陸男編訳
怒りのぶどう 全三冊　スタインベック　大橋健三郎訳
黒人のたましい　デュボイス　木島・鮫島・黄訳
ブラック・ボーイ ―ある幼少期の記録 全二冊　リチャード・ライト　野崎孝訳

《南北欧文学その他》

神曲 全三冊　ダンテ　山川丙三郎訳
太陽の都　カンパネッラ　近藤恒一訳
愛神の戯れ ―牧歌劇『アミンタ』　トルクァート・タッソ　鷲平京子訳
イタリア民話集 全二冊　カルヴィーノ　河島英昭編訳
無関心な人びと 全二冊　モラーヴィア　河島英昭訳
ドン・キホーテ 正・続各三冊　セルバンテス　永田・高橋訳
セルバンテス短篇集　牛島信明編訳
スペイン民話集　エスピノーサ　三原幸久編訳
血と砂　ブラスコ・イバーニェス　永田寛定訳

三大悲劇集 血の婚礼 他二篇　ガルシーア・ロルカ　牛島信明訳
コルタサル短篇集 悪魔の涎・追い求める男 他八篇　木村榮一訳
完訳アンデルセン童話集 全七冊　大畑末吉訳
絵のない絵本　アンデルセン　大畑末吉訳
アンデルセン自伝　大畑末吉訳
人形の家　イプセン　竹山道雄訳
クォ・ヴァディス 全三冊　シェンキェヴィチ　河野与一訳
ロボット（R・U・R）　チャペック　千野栄一訳
山椒魚戦争　チャペック　栗栖継訳
完訳千一夜物語 全十三冊　豊島・渡辺・佐藤・岡部訳
ルバイヤート　オマル・ハイヤーム　小川亮作訳

☆印の書目には、文庫版のほかに活字の大きいワイド版〔B6判、並製・カバー〕もあります

《ドイツ文学》

☆印の書目には、文庫版のほかに活字の大きいワイド版〔B6判、並製・カバー〕もあります

☆印の書目には、文庫版のほかに活字の大きいワイド版（B6判、並製・カバー）もあります

ウィーン世紀末文学選　池内紀編訳
ドイツ文学案内　手塚富雄

《フランス文学》

トリスタン・イズー物語　ベディエ編　佐藤輝夫訳
結婚十五の歓び　新倉俊一訳
ヴィヨン全詩集　鈴木信太郎訳
☆ラ・ロシュフコー箴言集　二宮フサ訳
タルチュフ　モリエール　鈴木力衛訳
ドン・ジュアン　モリエール　鈴木力衛訳
いやいやながら医者にされ　モリエール　鈴木力衛訳
守銭奴　モリエール　鈴木力衛訳
完訳ペロー童話集　新倉朗子訳
クレーヴの奥方 他一篇　ラファイエット夫人　生島遼一訳
カンディード　ヴォルテール　吉村正一郎訳
マノン・レスコー　アベ・プレヴォ　河盛好蔵訳
ルソー 告白 全三冊　桑原武夫訳

孤独な散歩者の夢想　ルソー　今野一雄訳
パリの夜 —革命下の民衆　レチフ・ド・ラ・ブルトンヌ　植田祐次編訳
フィガロの結婚　ボオマルシェ　辰野隆訳
美味礼讃 全二冊　ブリア-サヴァラン　関根・戸部訳
アドルフ　コンスタン　大塚幸男訳
赤と黒 全二冊　スタンダール　桑原・生島訳
パルムの僧院 全二冊　スタンダール　生島遼一訳
恋愛論 全二冊　スタンダール　前川堅市訳
知られざる傑作 他五篇　バルザック　水野亮訳
ノディエ幻想短篇集　篠田知和基編訳
レ・ミゼラブル 全四冊　ユーゴー　豊島与志雄訳
死刑囚最後の日　ユーゴー　豊島与志雄訳
モンテ・クリスト伯 全七冊　デュマ　山内義雄訳
三銃士 全二冊　デュマ　生島遼一訳
エトルリヤの壺 他五篇　メリメ　杉捷夫訳
カルメン　メリメ　杉捷夫訳

愛の妖精（プチット・ファデット）　ジョルジュ・サンド　宮崎嶺雄訳
夜のガスパール —レンブラント、カロー風の幻想曲　A・ベルトラン　及川茂訳
ボオドレール 悪の華　鈴木信太郎訳
死霊の恋 ポンペイ夜話 他三篇　ゴーチエ　田辺貞之助訳
パリの憂愁　ボードレール　福永武彦訳
ボヴァリー夫人 全二冊　フローベール　伊吹武彦訳
椿姫　デュマ・フィス　吉村正一郎訳
風車小屋だより　ドーデー　桜田佐訳
月曜物語　ドーデー　桜田佐訳
少年少女　アナトール・フランス　三好達治訳
マラルメ詩集　鈴木信太郎訳
ヴェルレエヌ詩集　鈴木信太郎訳
ノア・ノア　ポール・ゴーガン　前川堅市訳
女の一生　モーパッサン　杉捷夫訳
脂肪の塊　モーパッサン　水野亮訳
メゾンテリエ 他三篇　モーパッサン　河盛好蔵訳

地獄の季節　ランボオ　小林秀雄訳
生きている過去　レニエ　窪田般彌訳
にんじん　ルナアル　岸田国士訳
死都ブリュージュ　ローデンバック　窪田般彌訳
ジャン・クリストフ　全四冊　ロマン・ローラン　豊島与志雄訳
魅せられたる魂　全五冊　ロマン・ロラン　宮本正清訳
ベートーヴェンの生涯　ロマン・ロラン　片山敏彦訳
ミケランジェロの生涯　ロマン・ロラン　高田博厚訳
ミレー　ロマン・ロラン　蛯原徳夫訳
シラノ・ド・ベルジュラック　ロスタン　辰野・鈴木訳
狭き門　ジイド　川口篤訳
贋金つくり　全二冊　アンドレ・ジイド　川口篤訳
ヴァレリー詩集　鈴木信太郎訳
レオナルド・ダ・ヴィンチの方法　ポール・ヴァレリー　山田九朗訳
海の沈黙・星への歩み　ヴェルコール　河野・加藤訳
恐るべき子供たち　コクトー　鈴木力衛訳
人はすべて死す　全二冊　ボーヴォワール　川口篤・田中敬一訳

フランス短篇傑作選　山田稔編訳
増補フランス文学案内　渡辺一夫　鈴木力衛

《ロシア文学》

オネーギン　プーシキン　池田健太郎訳
プーシキン詩集　金子幸彦訳
スペードの女王・ベールキン物語　プーシキン　神西清訳
大尉の娘　プーシキン　神西清訳
狂人日記　他二篇　ゴーゴリ　横田瑞穂訳
外套・鼻　ゴーゴリ　平井肇訳
父と子　ツルゲーネフ　金子幸彦訳
初恋　ツルゲーネフ　米川正夫訳
貧しき人々　ドストエーフスキイ　原久一郎訳
二重人格　ドストエフスキー　小沼文彦訳
罪と罰　全三冊　ドストエーフスキイ　中村白葉訳
カラマーゾフの兄弟　全四冊　ドストエーフスキイ　米川正夫訳
あかい花　他四篇　ガルシン　神西清訳
戦争と平和　全四冊　トルストイ　米川正夫訳

アンナ・カレーニナ　全三冊　トルストイ　中村融訳
民話集　人はなんで生きるか　他四篇　トルストイ　中村白葉訳
民話集　イワンのばか　他八篇　トルストイ　中村白葉訳
イワン・イリッチの死　トルストイ　米川正夫訳
光あるうちに光の中を歩め　トルストイ　米川正夫訳
復活　全二冊　トルストイ　中村白葉訳
人生論　トルストイ　中村融訳
可愛い女・犬を連れた奥さん　他一篇　チェーホフ　神西清訳
退屈な話・六号病室　チェーホフ　湯浅芳子訳
かもめ　チェーホフ　湯浅芳子訳
三人姉妹　チェーホフ　湯浅芳子訳
桜の園　チェーホフ　湯浅芳子訳
どん底　ゴーリキイ　中村白葉訳
母　全二冊　ゴーリキー　横田瑞穂訳
われら　ザミャーチン　川端香男里訳
ソルジェニツィン短篇集　木村浩訳
ロシヤ文学案内　金子幸彦

《東洋思想》

- ☆論語　金谷治訳注
- 易経　全二冊　高田真治・後藤基巳訳
- 孟子　全二冊　小林勝人訳注
- 荘子　全四冊　金谷治訳注
- 荀子　全二冊　金谷治訳注
- ☆孫子　金谷治訳注
- 史記列伝　全五冊　小川・今鷹・福島訳
- 史記世家　全三冊　小川・今鷹・福島訳
- 春秋左氏伝　全三冊　小倉芳彦訳
- 章炳麟集 ―清末の民族革命思想　西順蔵・近藤邦康編訳
- ウパデーシャ・サーハスリー ―真実の自己の探求　シャンカラ　前田専学訳
- 意識と本質 ―精神的東洋を索めて　井筒俊彦

《仏教》

- ☆ブッダのことば　中村元訳
- ☆ブッダの真理のことば 感興のことば　中村元訳
- ブッダ 神々との対話 ―サンユッタ・ニカーヤI　中村元訳
- ブッダ 悪魔との対話 ―サンユッタ・ニカーヤII　中村元訳
- ブッダ最後の旅　中村元訳
- ☆法華経　全三冊　坂本幸男・岩本裕訳注
- ☆浄土三部経　全二冊　中村元・早島鏡正・紀野一義訳注
- ☆般若心経 金剛般若経　中村元・紀野一義訳註
- 摩訶止観　全二冊　関口真大校注
- ☆臨済録　入矢義高訳注
- 碧巌録　全三冊(中)(下)未刊　入矢・溝口・末木・伊藤訳注
- ☆教行信証　親鸞　金子大栄校訂
- 親鸞和讃集　名畑應順校注
- ☆歎異抄　金子大栄校注
- 正法眼蔵　全四冊(四)未刊　道元　水野弥穂子校注
- ☆正法眼蔵随聞記　懐奘編　和辻哲郎校訂
- 一遍上人語録 ―付 播州法語集　大橋俊雄校注
- 日蓮文集　兜木正亨校注
- 日本的霊性　鈴木大拙　篠田英雄校訂
- 仏教　全二冊　ベック　渡辺照宏・渡辺重朗訳
- 南無阿弥陀仏 付心偈　柳宗悦

《キリスト教 他》

- ☆旧約聖書 創世記　関根正雄訳
- 旧約聖書 出エジプト記　関根正雄訳
- 旧約聖書 ヨブ記　関根正雄訳
- ☆新約聖書 福音書　塚本虎二訳
- 聖アウグスティヌス 告白　全二冊　服部英次郎訳
- アウグスティヌス 神の国　全五冊　服部英次郎・藤本雄三訳
- エックハルト説教集　田島照久編訳
- キリスト者の自由 聖書への序言　マルティン・ルター　石原謙訳
- シレジウス瞑想詩集　全二冊　植田重雄・加藤智見訳
- シュヴァイツェル イエスの生涯 ―メシアと受難の秘密　波木居齊二訳
- 聖フランシスコ・デ・サビエル書翰抄　全二冊　アルーペ神父・井上郁二訳
- コリャード 懺悔録　大塚光信校注
- 日本切支丹宗門史　全三冊　パジェス　クリセル神父校閲　吉田小五郎訳
- コーラン　全三冊　井筒俊彦訳
- イスラーム文化 ―その根柢にあるもの　井筒俊彦

☆印の書目には、文庫版のほかに活字の大きいワイド版〔B6判、並製・カバー〕もあります